VOYAGE
AUX
ILES FORTUNÉES

PAR

JULES LECLERCQ

PARIS

E. PLON et Cie, IMPRIMEURS-ÉDITEURS
RUE GARANCIÈRE, 10

1880
Tous droits réservés

VOYAGE

AUX ILES FORTUNÉES

L'auteur et les éditeurs déclarent réserver leurs droits de traduction et de reproduction à l'étranger.

Ce volume a été déposé au ministère de l'intérieur (section de la librairie) en octobre 1880.

OUVRAGES DU MÊME AUTEUR :

Voyages dans le nord de l'Europe. — Un tour en Norvége. — Une promenade dans la mer Glaciale (1871-1873). — 2ᵉ *édition*. — Tours, 1877.

Promenades et escalades dans les Pyrénées. — 2ᵉ *édition*. — Tours, 1877.

Un été en Amérique. — De l'Atlantique aux montagnes Rocheuses. — Paris, 1877.

Le Tyrol et le pays des Dolomites. — Paris, 1880.

Le Caucase glacé. — Promenade à travers une partie de la chaîne et ascension du mont Elbrouz. — D'après la relation de M. F. C. Grove. — Paris, 1880.

VOYAGE

AUX

ILES FORTUNÉES

LE PIC DE TÉNÉRIFFE ET LES CANARIES

PAR

JULES LECLERCQ

PARIS

E. PLON et Cie, IMPRIMEURS-ÉDITEURS

10, RUE GARANCIÈRE

—

1880

Tous droits réservés

A

Monsieur Xavier MARMIER,

de l'Académie française,

ces Lettres sont respectueusement dédiées.

VOYAGE AUX ILES FORTUNÉES
LETTRES DE TÉNÉRIFFE

CHAPITRE PREMIER

LES ILES FORTUNÉES.

Un mot d'introduction. — Situation des îles Fortunées. — Les anciens y placèrent les Champs Élysées. — Leur nom actuel. — Questions d'étymologie.

Je pars encore. Le démon des voyages m'a séduit pour la vingtième fois, vous devinez par quels stratagèmes perfides. Au retour d'une longue absence, j'ai toujours beau me promettre, comme le petit Savoyard, de ne plus quitter mes pénates, dès le printemps suivant l'humeur voyageuse rentre dans sa période d'effervescence : faut-il vous avouer que je ne rêve plus alors que mer bleue, soleil des tropiques, forêts vierges et montagnes aux cimes argentées !

Ce qu'il y a de séduisant dans les voyages, n'est-ce pas que chaque jour ils apportent une nourriture nouvelle à notre âme avide d'inconnu? Est-il rien de si petit, de si médiocre que le bonheur quotidien? Le travail a ses heures de découragement, la poursuite des honneurs a ses déceptions, l'amour du bien a ses défaillances, les plus nobles passions humaines ne laissent souvent au fond du cœur qu'ennui et dégoût; mais les voyages ne laissent point de regrets. De mes pérégrinations en pays lointains j'ai rapporté un insatiable désir de voir encore, de voir sans cesse, et je ne sais rien de plus intolérable à la longue que de traîner cette nostalgie de l'espace sous nos tristes cieux et au milieu de l'atmosphère viciée de nos villes. Cette nostalgie, vous la connaissez; vous avez dû l'éprouver quand vous écriviez ces vers qui la peignent si bien :

« Oui, dans le vent du soir qui traverse la plaine,
Dans le soupir de l'onde et le chant de l'oiseau,
Quand je suis seul, j'entends une voix de sirène
Qui m'appelle toujours vers un monde nouveau... »

Après avoir parcouru les contrées du Nord, que vous m'avez appris à aimer, après avoir visité les austères domaines du Lapon et de l'Iroquois, je veux aller aux pays du soleil contempler les riantes beautés de la nature tropicale. J'ai caressé bien des projets insensés avant de décider sur quelle plage je jetterai l'ancre. Ceylan, ce paradis du monde, m'attirait autant que le Brésil, dont j'ai si souvent rêvé voir les merveilleuses forêts vierges ; mais le moyen de voir ces lointaines contrées quand on ne dispose que de quelques semaines ! J'ai retourné bien des fois la sphère terrestre, et finalement mes yeux fascinés n'ont plus pu se détacher des îles Fortunées. Quand cette fascination se produit, elle passe promptement des yeux à l'âme. Voilà comment j'ai arrêté ce voyage.

Je me propose de vous le raconter. Raconter des voyages, c'est ma vieille routine, et il faut bien que j'y cède, dussé-je passer à vos yeux pour un de ces pauvres fous que Byron plaint dans ces vers que vous citez quelque part :

> « Every fool describes in these bright days,
> His wondrous journey to some foreign court,
> And spawns his quarto, and demands your praise [1]. »

Quand j'ai divulgué mon dessein, les gens se sont gratté la tête, en se demandant où pouvaient bien se trouver les îles Fortunées. L'un les plaçait au nord de l'Australie ; un autre, au sud du Japon ; un tel prétendait que ce ne pouvait être que le groupe des Antilles, pendant qu'un brave bourgeois qui n'avait jamais vu que Londres, soutenait que seules les îles Britanniques pouvaient porter

---

[1] Chaque fou, en ces jours de lumière, décrit son merveilleux voyage en quelque cour étrangère, et produit son in-quarto, et demande vos louanges.

un si beau nom. Tous les archipels y passèrent, et les îles d'Hyères ne furent pas oubliées. Si je laissais entrevoir que les anciens donnaient ce nom de Fortunées aux îles que l'on appelle aujourd'hui les Canaries, la plupart n'en étaient guère plus instruits quant à la position de cet archipel. On le confondait soit avec les Açores, soit avec les îles du Cap-Vert, mais surtout avec les îles Madère, car c'est un privilége des noms chéris des gourmets d'être connus de tous. Ne vous êtes-vous pas souvent amusé de cette profonde ignorance de la géographie chez les hommes les plus lettrés ? Vous ne serez point surpris que pour les mettre sur la voie, je n'avais qu'à prononcer le nom de Ténériffe. Alors ils s'exclamaient d'un ton triomphant en se léchant les lèvres : « Ténériffe ! j'y suis : c'est le pays du malvoisie ! »

Or donc, les Canaries sont situées dans l'océan Atlantique, à 1,200 kilomètres de Cadix, en face de cette portion du littoral africain où l'empire du Maroc confine au grand désert. On ne compte que 90 kilomètres de la côte d'Afrique au point le plus voisin de l'archipel. De même que les Baléares ne sont que le prolongement sous-marin de la côte d'Espagne, de même les Canaries semblent se rattacher au continent africain ; ces îles montagneuses et plongeant à pic dans l'Océan continuent la chaîne de l'Atlas. Sont-elles les débris de l'ancienne

Atlantide, les antiques témoins d'une civilisation puissante, les derniers vestiges d'un continent à jamais enseveli sous les eaux? Je vais peut-être perdre beaucoup de votre considération en vous avouant que je n'ose pas élucider une question aussi ténébreuse et dans laquelle se sont embrouillés tous ceux qui l'ont abordée. Je vous renvoie à cet égard aux *Essais sur les îles Fortunées* de Bory de Saint-Vincent.

Il m'est infiniment plus aisé de préciser la latitude des Canaries, en disant qu'elles sont comprises entre 27° 30' et 29° 25' de latitude nord. Elles se trouvent donc bien près du tropique du Cancer. Cette latitude est celle de la Floride, de la haute Égypte, de l'Inde septentrionale. Le méridien de Ptolémée, encore en usage chez plusieurs peuples, passe par l'île de Fer (Hierro), la plus occidentale du groupe.

Des treize îles que compte l'archipel des Canaries, sept seulement sont habitées : Ténériffe, la Grande Canarie, Palma, Lanzarote, Fuerteventura, Gomera et Hierro. La population totale est de plus de 280,000 âmes, d'après le dernier recensement.

Les Canaries, connues des anciens, ont été perdues pendant tout le moyen âge. Elles furent retrouvées vers la fin du quatorzième siècle. Le Normand Jean de Béthencourt en prit possession pour le compte du roi d'Espagne. Conquises par un Français, ces îles n'ont pas cessé depuis lors d'appartenir à l'Espagne, dont elles forment aujourd'hui une province gouvernée par un capitaine général.

Ne déplorez-vous pas la tempête qui fit échouer Béthencourt sur la côte d'Espagne? Si Béthencourt n'avait pas fait naufrage, ces îles seraient aujourd'hui françaises. L'Espagne possède la perle des Antilles, véritable poule aux œufs d'or que l'oncle Sam dévore des yeux. L'Espagne dédaigne les Canaries; elle se borne à y envoyer une armée de fonctionnaires qui, chose étrange, en reviennent toujours riches, mais elle n'en tire aucun parti; loin d'être une source de revenus, cette belle province est à charge à la métropole, alors que par sa fertilité et sa situation elle pourrait être l'une des plus riches colonies du monde! Ce n'est pas sans raison que les anciens donnèrent à ces îles le nom de Fortunées.

Vous me demanderez ce qui m'autorise à dire que les Canaries sont bien les mêmes îles Fortunées où un dogme de la mythologie païenne avait placé les Champs Élysées, le séjour des âmes bienheureuses. Pour vous répondre, je pourrais me lancer dans une de ces dissertations scientifiques à perte de vue, bourrées de citations grecques et latines, qui mènent triomphalement à l'Académie des inscriptions et belles-lettres; mais vous voudrez bien m'absoudre si je préfère laisser de tels exercices à ceux qui sont savants, *ou font semblant*.

Toutefois, pour justifier le titre de ces lettres et prouver qu'il n'est pas aussi fantaisiste que vous pourriez le croire, je vous dirai en peu de mots ce que de doctes auteurs ont délayé en longs chapitres d'un style grave et érudit.

Le vieil Homère nous apprend que les Champs Élysées se trouvent à l'extrémité de la terre. Là les hommes passent une vie douce et paisible; ils n'ont à souffrir ni les hivers rigoureux, ni les neiges, ni les pluies : l'air, né des zéphyrs qu'exhale l'Océan, y est toujours frais..... Je vous épargne le reste de la description. Ce que je voulais vous dire, c'est que les Canaries sont, de toutes les contrées du monde connu des anciens, celle à laquelle ce texte s'applique le mieux. Mais les Canaries étaient-elles connues du temps d'Homère? Il est probable que des navires phéniciens les avaient déjà visitées; des historiens fort recommandables prétendent que les Phéniciens leur donnèrent le nom de *Alizuth*, mot hébreu qui signifiait *plaisir* : les Grecs en firent *Élysée*. Au témoignage de Salluste, c'est à ces îles que se rapporte la description d'Homère. De tous temps, la tradition a placé les Champs Élysées non sur un continent, mais dans des îles. Iles Fortunées, Champs Élysées, ces expressions étaient synonymes dans l'antiquité. Plutarque désigne bien clairement les Canaries lorsqu'il parle des îles distantes de la côte d'Afrique d'environ mille stades, que l'on appelait *Fortunées,* et où, suivant l'opinion qui prévalait de son temps, se trouvaient les Champs Élysées, le domicile des bienheureux, tant célébré dans les œuvres d'Homère. Ces îles furent d'ailleurs connues jusqu'au quinzième siècle sous leur ancien nom de Fortunées, et ce ne fut qu'à cette époque qu'elles prirent leur dénomination actuelle.

D'où vient donc ce nom de Canaries? Puisque me voilà en veine d'érudition, je veux vous donner encore un échantillon de mon savoir-faire. Pline le Naturaliste est le plus ancien écrivain qui ait mentionné le nom de Canarie, par lequel il désigne celle des Fortunées qui s'appelle aujourd'hui la Grande Canarie. Au témoignage de Juba, roi de Mauritanie, dont Pline tenait ses renseignements, cette île possédait beaucoup de chiens d'une taille extraordinaire. C'est à ces chiens (*canes*) que l'île dut son nom.

On pourrait croire qu'une telle autorité décide la question. Hélas! non. Pour vous montrer comme les savants peuvent torturer leur vénérable cervelle sur des choses aussi oiseuses, je vous citerai l'opinion de Nuñez de la Peña, qui ne se contente de rien moins que de remonter au déluge et de faire débarquer aux Canaries un fils et une fille de Noé, appelés *Crano* et *Crana* : Canarie n'est qu'une corruption de *Cranarie*. Des historiens de science très-vaste, tels que Jorge Hornio, ont écrit de gros livres pour prouver que les Canaries furent peuplées par une colonie de Chananéens qui leur donnèrent leur nom. D'autres prétendent qu'elles doivent leur dénomination à la tribu berbère des *Kanarr*. L'historien Viera soutient que le cap Bojador, point de la côte marocaine voisin des îles Canaries, s'appelait du temps de Ptolémée Ultima Caunaria, et que de Caunaria à Canaria la transition est facile.

Après les opinions émanant d'aussi graves autorités, dois-je vous citer celle qu'on trouve relatée dans le dictionnaire de Calepino? Ce respectable grammairien enseigne fort sérieusement que les Canaries doivent leur nom à leurs champs de cannes à sucre. Malheureusement, si Ambrosio Calepino avait été aussi savant en histoire naturelle qu'en philologie, il n'aurait pas ignoré que les cannes à sucre étaient inconnues des anciens insulaires. Et celle qui fait dériver Canarie du verbe latin *cano*, chanter? Vous n'ignorez pas que les îles Fortunées sont la patrie de ces aimables oiseaux chanteurs connus sous le nom de canaris. Mais vous inclinez à croire, je suppose, que ce sont les oiseaux qui ont pris le nom des îles, et non les îles celui des oiseaux.

Que les Canaries doivent leur nom aux Kanarr ou aux Chananéens, aux chiens ou aux serins, il vous importe sans doute fort peu, et maintenant que vous en avez assez, j'espère, de ma facile érudition, je clos ma parenthèse étymologique.

CHAPITRE II

LA TRAVERSÉE.

Moyens de se rendre aux Canaries. — Le *Dom Pedro*. — Triste départ. — En vue du Portugal. — Les passagers. — Monotonie de la traversée. — Premier aspect de l'île Ténériffe. — La rade de Sainte-Croix. — Dernière soirée à bord.

Pour me rendre aux Canaries, j'avais le choix entre plusieurs lignes de paquebots. Le gouvernement espagnol a établi un service de steamers qui, deux fois par mois, font le voyage de Cadix à Sainte-Croix de Ténériffe, capitale de l'archipel. On peut aussi s'embarquer à Lisbonne pour Madère, et de là gagner Ténériffe par le paquebot anglais de Liverpool. Le voyageur peu pressé et curieux de voir du pays choisira la ligne Paquet, de Marseille, qui fait le voyage en quinze ou seize jours, en relâchant aux principaux ports du Maroc. Les deux lignes anglaises qui desservent la côte occidentale d'Afrique font escale à Téréniffe. Mais la ligne la plus directe, la plus rapide et la plus confortable est celle des *Chargeurs réunis*, dont les paquebots vont du Havre au Brésil et à la Plata en touchant à Ténériffe une fois par mois. Lorsque

Ténériffe sera pourvue d'un môle qui rendra son port sûr, nul doute que cette île, située sur la route de l'Amérique du Sud, du cap de Bonne-Espérance et de l'Australie, ne devienne le point de relâche de tous les navires qui se rendront dans ces contrées; mais telle est l'incurie espagnole, qu'il se passera longtemps encore avant l'achèvement du môle de Santa-Cruz. En attendant, les paquebots ont coutume de faire du charbon à Saint-Vincent (îles du Cap-Vert), dont le port est plus commode.

J'ai pris passage au Havre pour Ténériffe, et présentement me voilà installé dans une jolie cabine du *Dom Pedro,* qui s'en va directement à Rio et à Buenos-Ayres en mouillant quelques heures à Sainte-Croix, où je débarquerai dans six jours s'il plaît aux éléments.

Le *Dom Pedro* est tout flambant neuf. Il a été construit au Havre en six mois : il fait son troisième voyage. C'est le plus grand, le plus beau paquebot de la flotte des Chargeurs réunis. Le salon est de plain-pied avec le pont, disposition excellente pour les pays chauds; toutes les boiseries sont en érable : la teinte en est plus gaie que celle de l'acajou qu'on emploie partout ailleurs. Ces détails ont leur importance : j'aime, dans une traversée qui doit durer plusieurs jours, à habiter une demeure agréable. Au dessous du salon sont disposées vingt cabines spacieuses pouvant recevoir quarante passagers de première classe : faisant suite à l'entre-pont, elles ont un plafond très-élevé, car le *Dom Pedro* a été construit en vue du transport des chevaux de la Plata. Cette opération n'a pas répondu aux espérances de la compagnie : elle y a renoncé après quelques essais infructueux ; dans les gros temps, les chevaux s'entre-tuaient, affolés par le roulis et le tangage; beaucoup mouraient en route. Le transport des chevaux, de Buenos-Ayres au Havre, revenait à 315 francs par tête, et n'était guère rémunérateur. On sait d'ailleurs que les chevaux de la Plata ne sont qu'à demi dressés, et pour cette raison conviennent peu à la cavalerie française.

Je suis prédestiné à partir toujours par un temps à ne pas mettre un marin dehors. Quand je m'embarquai pour l'Amérique, il neigeait à gros flocons, bien qu'on fût au milieu du mois de mai. Cette fois, en plein mois de juillet, le temps est plus maussade encore, s'il est possible; la température, en France, est en ce moment inférieure à celle de Moscou, s'il faut en croire les derniers bulletins météorologiques; il tombe une pluie glacée, quand il ne vente pas par rafales. Je grelotte maintenant, et dans peu de jours je rôtirai sous le ciel des tropiques. Ces violents contrastes sont un des plus grands attraits de la vie de voyage.

Le commandant Fleury est sur la passerelle. A quatre heures ordre est donné d'évacuer le pont. Les derniers adieux s'échangent. On démarre, et le *Dom Pedro* est lentement remorqué de bassin en bassin. Vers cinq heures nous saluons le phare. Personne sur la jetée, par ce chien de temps. Le Havre ne tarde pas à disparaître dans la brume : déjà la terre de France s'est évanouie. Le commandant crie : « A toute vitesse! », et le *Dom Pedro,* mû par sa puissante hélice, bondit sur la vague écumeuse... Je m'arrête : la cloche m'appelle au dîner. Allons faire connaissance avec nos compagnons et nos compagnes de traversée.

Dieu merci, nous avons enfin laissé derrière nous les flots orageux du golfe de Gascogne dont j'ai expérimenté une fois de plus la réputation méritée. Nous avions à peine doublé le cap Finistère, que nous entrions dans une mer paisible et bleue, miroitant sous le radieux soleil d'Espagne. On a tendu les tentes sur le pont. A une température hivernale a succédé une douce chaleur. Hier encore je n'osais m'aventurer sur le pont sans m'affubler d'un triple vêtement de laine; aujourd'hui je m'y promène en léger costume d'été. Cette côte qui émerge là-bas dans l'éloignement, c'est la terre portugaise, où je passai naguère des jours délicieux. L'affreux spectre du mal de mer, qui régnait à bord en souverain, s'est enfui à tire-d'aile, et tout le monde est revenu à la santé et à la joie.

Peu de passagers : la ligne des Chargeurs réunis, créée depuis peu de temps, n'a pas encore la vogue des Messageries maritimes. Aussi y voyage-t-on comme en famille : au bout de deux jours tout le monde se connaît. Une cabine entière est allouée à chaque passager, et l'on est infiniment mieux servi que sur ces paquebots encombrés de monde, où l'espace et la nourriture sont distribués avec parcimonie. Notre cuisinier est chinois : s'il massacre le français, il est passé maître dans la cuisine française.

Nous sommes dix à table. A ma droite est le commandant, depuis vingt-trois ans capitaine : il réunit les qualités du marin et de l'homme du monde, phénomène assez rare chez ceux qui pratiquent le rude métier de la mer. A l'autre bout, trône le docteur, un gros Gascon, court et trapu : un des types les plus amusants que j'aie rencontrés ; c'est le boute-en-train : sa figure joviale dériderait la déesse de la Mélancolie. Sa cabine est un musée *sui generis;* on y voit, accrochés au plafond et aux parois, tous les animaux les plus hideux du Brésil : des lézards, des vampires, des caïmans. L'élément féminin est représenté par une Parisienne qui, après un tour en France, va retrouver sa famille établie à Montevideo : elle nous donne d'intéressants détails sur l'Uruguay. Elle passe ses journées à écrire. En voici un autre qui s'absorbe dans la lecture : c'est un négociant danois qui s'en retourne à Buenos-Ayres, où il est en train d'amasser une fortune ; il lit Jules Verne. Dans tous mes voyages maritimes, j'ai toujours rencontré des liseurs de Jules Verne : heureux auteur qui sait si bien raccourcir les traversées ! Il y a ensuite un éleveur de moutons : il amène avec lui, pour les faire multiplier à la Plata, des béliers et des brebis mérinos valant 2,000 francs par tête. Les pauvres bêtes ont eu le mal de mer les premiers jours. Hélas ! faut-il qu'au milieu de nous se soit glissé un communard, probablement un échappé de Nouméa ! Il est facile de voir qu'il porte un œil postiche, qui ajoute au cynisme de sa physionomie. Mal lui a pris de vouloir soutenir ses sottes idées à table ; on lui a signifié poliment que la politique est exclue du salon de première classe.

Autant la traversée que je fis naguère d'Europe aux États-Unis fut féconde en incidents, autant celle-ci me paraît paisible et dépourvue d'émotions. Point de glaces flottantes, point de brouillards, point de navires en vue, et partant, point d'abordages à redouter. Le voyage de France au

Brésil passe pour le pont aux ânes des capitaines : ils n'ont qu'à se confier aux vents et aux courants, qui les porteront sûrement vers leur destination.

Çà et là nous voyons gambader des marsouins, des souffleurs. Ce matin nous avons aperçu les premiers poissons volants, signe caractéristique du voisinage des tropiques. On dirait, suivant la belle image de Bernardin de Saint-Pierre, que des néréides se sont chargées de conduire dans ces mers des flottes de poissons.

Les poissons, voilà nos seules diversions ; mais on ne peut pas passer tout le jour à regarder des poissons.

La mer présente l'aspect d'une immense nappe limpide comme une glace, d'une tristesse infinie : un désert aqueux. L'eau est d'un bleu profond, ultra-marin, presque violet, dont la Méditerranée ne donne pas l'idée. Le soir un sillage phosphorescent, étincelant de lumière, se creuse derrière le navire.

Il tombait hier une fine rosée, comme il arrive souvent dans ces parages : c'est que nous étions dans le voisinage de Madère, dont les malades recherchent le climat chaud et humide. La température n'est pas fort élevée pour la latitude : 23 degrés centigrades ; il est vrai que le ciel est couvert. Il semble que la température exceptionnellement froide qui règne cet été en Europe exerce son influence jusqu'ici.

Chacun s'attend à découvrir bientôt le célèbre Pic de Ténériffe, dont nous ne devons plus être qu'à quelques milles : car depuis trois jours nous avons filé, vent arrière, 845 nœuds [1], soit 12 nœuds à l'heure. Par un temps clair le Pic se voit, dit-on, à cinquante lieues à la ronde, et les marins prétendent qu'à certain point situé entre Madère et Ténériffe, on peut apercevoir à la fois les deux îles. Le fait est possible, mais il doit être rare. Dans cette région tropicale, il s'opère un énorme travail d'absorption de l'eau de la mer par le soleil : les vapeurs condensées planent à quelque mille pieds au-dessus de l'Océan ; parfois elles se dissipent au souffle du vent ; plus rarement encore, elles se résolvent en pluie. Telle est la raison pour laquelle le Pic est si souvent voilé : il faut être favorisé d'un temps très-clair pour le distinguer du large, de la base jusqu'au sommet.

Le commandant commence à s'étonner que le Pic n'apparaisse pas encore. Aurions-nous dévié de notre route ? Les chronomètres seraient-ils en défaut ? Les commentaires vont leur train parmi nous. L'un dit que le volcan s'est fondu ; un autre

---

[1] Le nœud équivaut au mille. Le mille contient 1,852 mètres. Il y a trois milles dans la lieue marine (5,555 mètres). On compte 1,590 milles du Havre à Sainte-Croix de Ténériffe.

opine qu'il a sauté en l'air à la suite d'une éruption. Nous en sommes là de nos conjectures quand, à trois heures de l'après-midi, le second nous vient annoncer que Ténériffe est en vue.

Avec quelle ardeur et quelle anxiété les lorgnettes sont aussitôt braquées vers la direction indiquée! Nos cœurs battent d'émotion. Mais chacun a beau écarquiller les yeux, comme sœur Anne, on ne voit rien venir. La vue perçante des marins a toujours fait mon désespoir : là où je vois à peine un point noir à l'aide d'une lorgnette, ils découvrent à l'œil nu un navire et en comptent les mâts.

A force de scruter l'horizon, nous finissons par deviner les formes indécises d'un cap se profilant vaguement dans la brume : c'est le cap Anaga. Bientôt ce sont des lignes mieux accusées, se perdant dans les nuages; puis, à l'arrière-plan, surgissent des montagnes fuyant les unes derrière les autres, comme des décors de théâtre. Ces montagnes appartiennent à la cordillère d'Anaga, qui se dresse à l'extrémité orientale de l'île Ténériffe. Quant au Pic, qui forme le centre de l'île, il se dérobe à toutes nos investigations : il reste obstinément caché derrière un voile de vapeurs.

Le cap Anaga est d'une majesté sombre : des roches basaltiques, nues et stériles, aux flancs abrupts et déchirés, assombris par un ciel terne et nébuleux ; deux écueils taillés en cône surgissent au pied de ce promontoire : on les prendrait pour les cimes de montagnes submergées. La mer, très-profonde aux abords de Ténériffe, se brise en écume contre ces puissantes murailles. Tel est le premier aspect sous lequel me sont apparues les îles Fortunées. Si, dans mes souvenirs de voyageur, je voulais trouver un objet de comparaison, je songerais au cap Nord, que battent les flots de la mer Glaciale. Même couleur du ciel, mêmes noires falaises à pic, même nature sombre et désolée.

A peine avons-nous doublé le cap, que les flots grossissent. Tout à coup se produit une éclaircie qui ne dure qu'un instant : pendant une minute nous avons pu voir le pain de sucre du Pic émergeant bien haut dans le ciel au-dessus des nuages. Avec quelle émotion j'ai contemplé cette cime, dont je ferai bientôt l'ascension ! Mais voici que le voile se referme. Pendant une heure nous longeons de près la côte : elle est si triste, si stérile, que je ne puis me défendre tout d'abord d'un sentiment de déception. Mais bientôt le navire met le cap sur la baie de Sainte-Croix, et le tableau devient moins sévère. La ville nous apparaît, avec ses maisons multicolores dominées par les tours massives de la cathédrale et de l'église San-Francisco. Le paysage environnant offre un aspect tout africain : çà et là des palmiers, des champs de nopals.

En entrant dans la rade, j'éprouve une étrange impression de serre chaude : à la brise de la mer succède subitement une atmosphère tiède et étouffante. Pour le coup, je m'aperçois que je ne suis plus sous le ciel du Nord.

Il est six heures du soir quand nous tirons le coup de canon d'usage et que la chaîne de l'ancre se déroule dans le port. Nous avons donc franchi en cent quarante heures, moins de six jours, les quinze cent quatre-vingt-dix milles que l'on compte du Havre à Sainte-Croix de Ténériffe. Hourra pour le commandant, hourra pour le *Dom Pedro*, l'un des meilleurs chevaux de course de l'Océan! Nous voilà loin du temps où Jean de Béthencourt venait faire la conquête des îles avec des bateaux non pontés.

Nous ne débarquerons point ce soir, car après six heures la santé ne vient plus. Songez donc! il faut qu'il soit constaté que la peste ou le choléra ne résident point dans les flancs du *Dom Pedro*.

Pour la dernière fois je dîne à bord avec mes compagnons de traversée. Tous ont pris passage pour l'Amérique du Sud, et je suis réduit à débarquer seul à Ténériffe. Cette île n'est qu'un point d'escale : on y passe, on n'y séjourne guère, à part de rares savants et de plus rares touristes que tente l'ascension du Pic. L'idée de la prochaine séparation aurait jeté un froid sans de copieuses libations de champagne à l'honneur de notre excellent commandant.

J'ai passé une grande partie de la soirée sur le pont, et je suis encore tout ému des splendeurs de ce ciel tropical que j'ai entrevu pour la première fois. Je n'avais jamais dépassé une latitude plus méridionale que la baie de Chesapeake en Virginie. Le firmament était constellé de millions d'étoiles qui brillaient d'un éclat extraordinaire : le poëte a pu les comparer avec raison à autant de lampes d'or suspendues à la voûte céleste. La planète Vénus projetait sur la mer une longue traînée lumineuse. Vers l'est, les noires montagnes d'Anaga profilaient avec une incroyable netteté dans la pure atmosphère leurs crêtes déchiquetées qui semblent taillées à l'emporte-pièce. Les lumières de Sainte-Croix se miraient dans la baie endormie.

Tout cela avait pour moi le délicieux attrait de l'inconnu. Il me tarde d'explorer ces îles Fortunées que je ne connais encore que par les descriptions. Demain je soulèverai un bout du voile. Je brûle de débarquer, et cependant je me prends à regretter le pont du *Dom Pedro,* qui me rattache encore au pays natal. Allons retrouver ma cabine : ce sera ma dernière nuit passée à bord.

CHAPITRE III

SAINTE-CROIX DE TÉNÉRIFFE.

Climat de Sainte-Croix. — Impression première. — Un pays sans télégraphe. — Un hôtel canarien. — Les bêtes féroces des Canaries. — Aspect de la ville. — La place de la Constitution. — Le Casino. — Le môle. — Mœurs d'amphibies. — Aspect de la population. — Visite d'un jardin. — A travers champs. — Les chameaux. — La promenade. — Les Canariennes. — Apathie des indigènes.

C'est une étrange chose que de passer subitement de notre ciel brumeux à l'éclatante lumière de la zone torride. Il y a huit jours à peine, je traversais les rues de Paris par un sombre jour de pluie; depuis hier, j'ai fait connaissance avec le soleil des tropiques. Ce soleil flamboie dans un ciel d'un bleu éblouissant; il grille les yeux et met la cervelle en ébullition. Et cependant, les gens m'assurent que la chaleur n'est pas exceptionnelle. Que sera-ce, mon Dieu! quand soufflera le *manhattan,* le terrible vent du sud-est, ce fléau des Canaries!

Sainte-Croix est la fournaise de Ténériffe. Dumont d'Urville, Alexandre de Humboldt et d'autres voyageurs qui ont parcouru les contrées les plus chaudes de l'univers déclarent que cette localité est atrocement étouffante : or j'y suis tombé au cœur de l'été. Sous l'influence de cette brusque transition du Nord à un climat africain, j'ai perdu l'énergie et l'appétit, et si je ne réagissais contre le penchant au sommeil, je dormirais debout. Aussi, j'ai hâte d'aller chercher dans les montagnes un climat moins chaud.

Depuis que j'ai débarqué dans cette île perdue au milieu de l'Océan, j'éprouve cette singulière impression d'isolement que j'ai ressentie chaque fois que je me suis trouvé jeté subitement sur une terre étrangère après quelques jours de traversée. Nouveau venu au milieu d'une contrée où l'on ne connaît personne, on se trouve quelque peu ahuri, comme le naufragé à la recherche d'une épave. Je n'ai jamais éprouvé ce sentiment avec plus de force que lorsque j'ai vu partir pour le Brésil le navire qui m'a amené ici, emportant loin de moi mes amis d'un jour que je ne reverrai probablement jamais. Et puis, j'envie leur bonheur : le nom seul du Brésil m'a toujours fasciné. N'y pensons plus. Je sais par expérience que les mille préoccupations du voyageur fraîchement débarqué auront promptement dissipé ce pénible état d'esprit.

Ah! qu'il me serait doux d'envoyer aux miens une dépêche télégraphique! Mais les îles Canaries ne sont pas encore reliées à l'Europe par un câble sous-marin. Nous sommes si habitués à l'usage du fil électrique, que nous ne comprenons guère qu'il y ait des pays qui puissent s'en passer. Un vapeur anglais est attendu demain de Sierra-Leone : je lui confierai mes lettres, qui iront à Liverpool avant de prendre le chemin de la *cara patria*. Le service direct de la poste n'a lieu que deux fois par mois, par le paquebot espagnol qui va en cinq jours de Sainte-Croix à Cadix.

Je suis logé dans une vraie *fonda* espagnole. Dans le *patio* s'épanouit une végétation toute tropicale : il y a des bananiers de cinq mètres de hauteur, dont l'immense feuille me fait toujours songer à Paul et Virginie, qui s'en servaient en guise de parasol. Dans la galerie qui circule autour du patio, il y a des oiseaux de toutes sortes, depuis le perroquet jusqu'au serin, ce rossignol des Canaries : le matin, toute cette gent emplumée m'éveille par son joyeux ramage, et il ne me faut pas un grand effort d'imagination pour me croire au milieu d'une forêt vierge des tropiques.

Il va sans dire que dans cette *fonda* on mange à l'espagnole : on dîne de riz et du traditionnel *puchero*. Le puchero des Canariens est un morceau de bœuf ou de mouton bouilli, accompagné de pommes de terre, de patates douces, d'ignames et de *garbanzos* (pois chiches). Je suis arrivé en pleine saison des fruits : ah ! les bonnes figues fraîches, sans parler des abricots, des bananes, et surtout de ces beaux raisins dignes du pays du malvoisie !

J'ai fait connaissance avec le fléau des pays chauds, les moustiques. Ces horribles insectes se jouent de toutes les précautions. Hier soir, j'ai eu beau fumer toute une boîte de cigarettes, agiter des serviettes dans tous les coins pour en expulser l'ennemi, à peine étais-je retranché dans ma moustiquaire, que de sinistres bourdonnements m'annoncèrent le signal de l'attaque. J'ai passé toute la nuit à me donner des soufflets pour écraser mes assaillants, mais je n'ajoutais que de nouvelles douleurs à mon cuisant supplice. Ce n'est qu'aux premières lueurs du jour que l'ennemi repu m'a laissé en paix.

Après les moustiques, les fourmis. En prenant mon café, j'en ai trouvé une légion dans le sucrier. En fait de bêtes féroces, il y a encore l'affreux cancrelat ou blatte (*blatta Americana*). Ce gros insecte noir court sur les murs avec une telle rapidité, que je l'ai pris d'abord pour une souris. Il se fourre partout, dans les armoires, dans le linge, dans les lits, et sa voracité cause des maux incalculables dans les villes et les campagnes. Il a été, dit-on, apporté d'Amérique, et a grandement multiplié.

Sainte-Croix (en espagnol Santa-Cruz) porte entièrement le caractère des cités espagnoles. Les maisons, comme à Cadix, se terminent généralement en terrasses où l'on va respirer le frais le soir; les façades, comme à Grenade, sont peintes des plus vives couleurs; les fenêtres, à volets verts, sont ornées de balcons en saillie; les jalousies, toujours fermées, sont invariablement percées d'un judas fixé par le haut au moyen de deux charnières : lorsque la planchette se soulève à l'intérieur, on aperçoit un joli visage de femme qui fixe sur vous ses grands yeux noirs. Votre passage est un événement dans ces longues rues désertes et silencieuses, pavées de cailloux roulés plus horribles que ceux de Tolède. La ville est bâtie en damier, malgré les inégalités du terrain. Aux heures chaudes de la journée, personne, pas même les chiens, ne s'aventure dans ces rues ensoleillées. Ici comme dans toute l'étendue de la péninsule, une branche de palmier est suspendue à chaque fenêtre. Les églises, assez laides, reproduisent cette profusion de sculptures et de dorures qui distingue les églises espagnoles.

S'il n'est pas une ville d'Espagne qui n'ait sa place de la Constitution, Sainte-Croix ne pouvait manquer d'avoir la sienne. Son dallage, qui m'a rappelé celui de la place Saint-Marc à Venise, est élevé de deux pieds au-dessus du passage destiné à la circulation : c'est une sorte d'estrade dont le rebord présente de distance en distance un escalier de deux ou trois marches. Le soir, les étrangers et les ivrognes,—deux espèces fort rares ici,—sont exposés à se rompre les os en tombant du haut de la plate-forme. A l'une des extrémités de la place s'élève une croix, emblème auquel la ville doit son nom; à l'autre extrémité se dresse un obélisque en marbre surmonté de la Vierge de la Chandeleur et flanqué des statues de quatre rois guanches tenant en guise de sceptre le fémur sacré, symbole de la puissance royale chez les anciens peuples de Ténériffe.

C'est sur la place de la Constitution que s'élève la demeure fort simple du gouverneur des îles Canaries; c'est là que se trouvent les deux seuls cafés de la ville, si l'on peut appeler de ce nom de modestes cabarets; c'est là aussi que se trouvent les principaux magasins, la plupart occupés par des Français. Avant l'arrivée de deux horlogers français, il y a quelque vingt ans, on ignorait ici l'usage des montres : ils ont tous deux fait fortune. Ce qui manque encore, c'est une boulangerie française. Le pain du pays, fait sans levain et avec le rebut des farines, est vraiment horrible.

A l'angle de la place de la Constitution et de la *calle de la Marina* sont installés les salons du Casino, dont un aimable indigène m'a fait les honneurs : j'y ai trouvé un cabinet de lecture où figurent, à côté de la *Revista de Canarias* et du *Memorandum*, le *Figaro* et les journaux illustrés de France et d'Angleterre. Ce casino possède une fort belle salle de bal où se réunit en hiver la jeunesse canarienne.

La *calle de la Marina* mène au môle, où l'on va respirer le frais après le coucher du soleil. La construction de ce môle dure depuis trois siècles ; c'est au plus si on lance douze blocs de pierre par an ; c'est peu, si l'on songe qu'au point où l'on en est arrivé, la mer n'a pas moins de cent quarante mètres de profondeur. Les plus gros navires peuvent mouiller à cent mètres du quai. L'achèvement du môle ferait la fortune de Sainte-Croix. Puisque le gouvernement espagnol y met tant de lenteur, m'est avis que le travail devrait se faire par l'initiative privée des habitants : une compagnie par actions mènerait promptement l'entreprise à bonne fin ; elle se rembourserait moyennant un droit de tonnage, et ferait une excellente affaire tout en créant un port magnifique où viendraient se ravitailler tous les navires du monde.

C'est au môle que la population se baigne. La chaleur est si grande, que le moment qu'on passe au bain est le meilleur de la journée. Aussi les habitants de Ténériffe sont-ils tous plus ou moins amphibies : ils passent la moitié de leur existence dans la mer, et y semblent aussi à l'aise que les requins. Quand ils s'aventurent trop loin, ils se font parfois dévorer par ces horribles squales qui sont fort nombreux dans ces parages. Les femmes se baignent le soir : lorsqu'on se promène sur la jetée à ce moment, on est littéralement assourdi par les cris stridents qui sortent des gosiers des baigneuses : c'est une cacophonie impossible à décrire.

C'est par suite sans doute de ces habitudes d'amphibie que les vêtements nécessaires chez nous ne paraissent pas indispensables à Ténériffe. Les enfants courent absolument nus, la plupart des femmes du peuple n'ont rien de plus qu'une chemise qui laisse voir leur poitrine, et j'ai vu au môle des portefaix qui n'avaient pour tout costume, — *horribile dictu,* — qu'un chapeau de paille à larges bords : pourvu qu'ils aient la tête garantie du soleil, ils ne se croient pas obligés de vêtir le reste de leur personne. Arago l'a dit avec raison dans son *Voyage autour du monde,* on ne sait pas ici le sens des mots pudeur et modestie.

Cette population canarienne est fortement basanée de la tête aux pieds : le teint, café au lait, se rapproche beaucoup de celui du mulâtre. Le mélange du sang espagnol et du sang guanche a produit une belle et forte race. Les Guanches étaient les habitants autochthones qui occupaient le pays avant la conquête. Je vous dirai dans une autre lettre ce qu'on sait de cette intéressante nation à jamais disparue.

⁂

Sainte-Croix, bien qu'elle ait le rang de capitale des Canaries, n'a rien qui puisse retenir longtemps l'étranger. C'est une ville triste et inanimée, sans industrie et presque sans commerce. Depuis deux jours que j'arpente ses rues désertes, j'ai pu les apprendre par cœur, et demain je les quitterai sans regret. Ce matin, n'ayant plus rien à voir en ville, je suis entré dans un jardin, dont le propriétaire m'a fait les honneurs avec une courtoisie tout espagnole. Je me suis promené là une heure entière au milieu des caféiers, des cannes à sucre, des cocotiers, des amandiers, des camphriers, des magnolias; j'y ai cueilli et mangé les fruits les plus fins des tropiques : je ne connais rien de si exquis, de si parfumé que la *pomerosa*, originaire de Cuba. J'ai goûté aussi au fruit du manguier, qui passe avec raison pour l'un des meilleurs qui soient au monde.

Je me suis acheté ensuite une ombrelle blanche à doublure bleue, et armé de ce protecteur dont ne se séparent jamais les indigènes, j'ai affronté les ardeurs d'un soleil torride dans la campagne de Sainte-Croix. Les palmiers forment le trait caractéristique du paysage, des palmiers géants, auprès desquels ceux de Bordighera ne sont que des nains. J'ai suivi des chemins tracés au milieu des champs de nopals à cochenille et bordés de murs en pierres sèches ; ces pierres, de nature volcanique, ont été extraites de la terre préalablement à sa mise en culture. Lorsque je passais le long des murs blancs, je me serais cru dans une fournaise, tant la réverbération du soleil était insoutenable. Des réservoirs en maçonnerie destinés à l'irrigation des champs se rencontrent de distance en distance.

Après avoir suivi le bord de la mer, je me suis engagé dans une de ces vallées étroites et profondes que les Canariens désignent sous le nom de *barrancos*. L'aspect en est sauvage et sombre : de tous côtés, des montagnes nues et décharnées, où végètent tristement quelques genêts ; au fond du ravin, un torrent de galets, où il n'y a pas une goutte d'eau : c'est ainsi que je me représente les vallées de l'Arabie. Pour compléter l'illusion, voici venir une file de maigres chameaux, aux genoux pelés, chargés de lourds fardeaux : ils portent des clochettes au cou et sont muselés, car il paraît que le chameau de Ténériffe n'a pas la bonté ni la résignation de son pauvre cousin d'Afrique : quand on le malmène, il mord.

L'heure la plus agréable de la journée, à Sainte-Croix comme dans tous les pays chauds, est celle de la promenade du soir. Ce sont quelques instants de répit à l'accablement, à l'atonie du corps et de l'esprit ; on respire enfin, et vers dix heures du soir la température est tout à fait délicieuse.

Il y a, derrière l'église San Francisco, une promenade qui n'a sa pareille nulle part; il n'est point d'*alameda* qui la vaille en Espagne; ni le Prado de Madrid, ni la Christina de Séville, ni les Cascines de Florence ne peuvent lui être comparés. Cette promenade, vrai jardin d'Armide, a nom *plaza del Principe*. Elle est ombragée de magnifiques lauriers de l'Inde, qui en quelques années ont atteint la taille de nos vieux chênes. C'est la perle de Sainte-Croix.

Ce qui est plus charmant encore que la promenade, ce sont les promeneuses qui s'y viennent faire admirer chaque soir, suivant une habitude, pour ne pas dire une passion qui se retrouve dans tous les pays espagnols. Quelle prestance! quelle taille cambrée! quelles splendides chevelures de créoles! Sous ce ciel béni elles se promènent décolletées, nu-bras, en toilette de bal. Il y a dans leur manière de poser coquettement la mantille sur le haut du peigne d'écaille, à l'arrière de la tête, et surtout dans l'art compliqué avec lequel elles manient l'éventail, un arsenal de séductions capable de fondre les neiges du pic de Ténériffe. Ah! qu'elles ont raison de tenir à la mantille! Cette coiffure est celle qui sied le mieux aux dames, et Gautier a pu dire à bon droit qu'il faut qu'une femme soit laide à faire peur pour ne pas paraître jolie avec une mantille. Serait-ce là la raison pour laquelle je n'ai vu que de jolies femmes à la plaza del Principe? Ou bien les laides seraient-elles tenues au secret?

Quel dommage, — il faut bien dire le revers de la médaille, — que ces beautés précoces se fanent si vite! A douze ans, les filles sont en âge de se marier; mais leur beauté ne tarde pas à se flétrir, et elles sont vieilles vers trente ans. Leur fécondité en est en partie la cause. La race canarienne est tellement prolifique, que sans l'émigration le territoire des îles ne suffirait pas à la population. Ce qui est singulier, c'est que cette fécondité des femmes se remarque non-seulement aux îles Canaries, mais dans toutes les îles de l'Atlantique, que la population soit de race latine ou saxonne. C'est là un fait physiologique dont il serait assez difficile d'assigner les causes.

J'ai été présenté à la promenade à toutes les notabilités de l'endroit. On m'a fait absorber un nombre incalculable de sorbets, on m'a fait faire la connaissance de charmantes señoritas dont quelques-unes s'expriment très-correctement en français; mais je préfère les entendre parler la belle langue castillane, qu'elles manient avec tant de grâce et de noblesse. Quand je leur parle de mes projets d'ascension du Pic, elles cherchent à m'en détourner, me représentant d'un air anxieux tous les dangers auxquels je vais m'exposer ; elles sont si frileuses, qu'elles grelottent à l'idée de me voir passer la nuit à la belle étoile à dix mille pieds d'altitude. Lorsqu'elles me voient bien résolu dans mon funeste dessein, elles me donnent toutes sortes de conseils, et se mettent à énumérer toutes les boîtes de conserves que j'aurai à emporter pour ne pas mourir de faim dans le cours de l'expédition.

L'ascension du pic de Ténériffe passe ici pour une prouesse tout à fait extraordinaire. Quiconque l'entreprend est un héros aux yeux des indigènes. On serait tenté de croire que c'est une excursion fort en vogue parmi la jeunesse canarienne, et qu'il n'est point d'habitant de Ténériffe qui ne se croie obligé, au moins une fois dans sa vie, de présenter ses hommages au volcan qu'il a continuellement devant les yeux. Mais il n'est que les choses lointaines qui puissent tenter la curiosité humaine : on fait peu de cas de ce que l'on possède. A Toronto, où l'on peut entendre le bruit du Niagara, j'ai vu des gens qui n'avaient jamais été au pied de la cataracte. Ici je n'ai rencontré personne qui soit monté jusqu'au cratère. M. Masferrer, médecin militaire de résidence à Sainte-Croix, qui m'a fourni de précieux renseignements, a fait cette ascension l'année dernière, et en a publié une intéressante relation ; mais je me hâte de dire qu'il est Catalan. Plusieurs indigènes m'ont offert de m'accompagner dans de petites excursions ; mais je n'ai pu déterminer personne à me suivre au Pic.

A quoi faut-il attribuer cette insurmontable apathie qui caractérise les habitants de Sainte-Croix, sinon à l'influence du climat et surtout à leur genre de vie? Tout le monde ici paraît anémique, et spécialement les femmes, qui ne vivent de la vie extérieure qu'à partir de neuf heures du soir. Jamais elles ne se produisent au soleil ; le rose ne s'épanouit point sur leurs joues, et c'est le seul élément qui manque à leur beauté. Puis, quel abus de boissons glacées ! Un négociant de l'endroit, affligé d'une famille de douze enfants, offre sous ce rapport un type assez réussi : à quelque moment que je me présente chez lui, je le trouve assoupi devant une bouteille de vin de Ténériffe ou un sorbet au lait ; comme il est corpulent, ces rafraîchissements s'échappent comme ils peuvent par les pores, sous forme de perpétuelle transpiration ; le soir, quand je le retrouve à la promenade, il dort debout, semble sortir d'un rêve quand on lui adresse la parole, et commet dans la conversation les plus effroyables coq-à-l'âne.

Les Canariens sont hospitaliers comme tous les

Espagnols. Du moment que le maître de céans a prononcé la formule consacrée : « *Mi casa esta a su disposicion* », l'étranger peut se considérer chez lui : il est reçu sur le pied de l'intimité; on l'invite à déjeuner en famille, on lui offre le malvoisie, puis on fait un peu de musique au salon, et l'on se quitte en promettant de se retrouver le soir à la promenade.

Nulle part je n'ai vu des mœurs aussi dépourvues de toute espèce de contrainte. Les dames ne quittent pas de toute la journée leur négligé du matin : elles ne font toilette que pour la sortie du soir ou pour la messe du dimanche.

L'intérieur des maisons est entièrement disposé contre les effets de la chaleur, à l'inverse de nos maisons du Nord. Les appartements sont spacieux et bien aérés; les murs sont blanchis à la chaux, même au salon de réception; les plafonds, très-élevés, sont en bois peint en bleu; les fenêtres sont protégées par des volets verts toujours fermés, et ces intérieurs sont plongés dans une demi-obscurité. Au centre de la maison s'ouvre, à la manière arabe, une cour carrée ou *patio*, ombragée par des bananiers ou d'autres arbres des tropiques et animée par des oiseaux ou par une fontaine.

Je n'ai pas voulu quitter Sainte-Croix sans présenter mes hommages à M. Sabin Berthelot, ancien consul de France, qui s'est fixé bien jeune aux îles Fortunées et en a fait sa nouvelle patrie. Ce savant naturaliste est l'auteur d'un admirable plan en relief de l'île Ténériffe, exposé dans un des salons de l'hôtel du gouverneur. Il a fait aussi un grand ouvrage sur l'histoire naturelle des Canaries, en collaboration avec l'Anglais Webb [1]. M. Berthelot est un homme du siècle dernier : il est né en 1793 sous la Terreur. Dans sa verte vieillesse, il publie chaque année de nouveaux travaux. Hier encore il faisait paraître à Paris ses *Antiquités canariennes*. Actuellement il travaille à un traité sur les arbres et les forêts, dont il a offert la primeur à la *Revista de Canarias* qui le publie en espagnol : « Ce sera mon dernier livre », m'a-t-il dit, avec la satisfaction que peut donner une vie noblement remplie.

[1] Cet ouvrage, qui se compose de plusieurs volumes in-folio accompagnés de planches, ne se trouve que dans les grandes bibliothèques publiques.

CHAPITRE IV

A TRAVERS L'ILE.

La villa de Orotava. — La *fonda del Teyde*. — De Sainte-Croix à Orotava. — Aspect du paysage. — La Laguna et son climat. — Paysans. — Matanza. — Arrivée à Orotava.

Le nom d'Orotava s'applique à deux localités distinctes qui se trouvent dans la partie septentrionale de l'île de Ténériffe. Il y a la *Villa de Orotava*, située à trente-sept kilomètres de Sainte-Croix, et il y a le *Puerto de Orotava*, port de mer situé à cinq kilomètres de la Villa. Présentement me voici installé à la Villa, où je séjournerai quelques jours : c'est le quartier général des grimpeurs qui se proposent de faire connaissance intime avec le Pic; c'est le Chamounix de Ténériffe.

Je suis descendu dans l'unique auberge de la localité, la *fonda del Teyde*, tenue par un Italien, qui est venu chercher ici, il y a quinze ans, la guérison d'une maladie d'estomac. C'est une maison sans étage, suivant la mode du pays. On m'a conduit à ma chambre par un labyrinthe inextricable de corridors où je ne pourrai jamais retrouver mon chemin : les architectes canariens sacrifient les appartements aux corridors, auxquels ils donnent la plus grande place. La fonda del Teyde, commencée il y a deux ans, est à moitié terminée, et comme l'hôtelier n'a pas de fonds pour continuer les travaux, son auberge présente le piteux aspect d'une figure que le barbier n'aurait rasée que d'un côté. Si la maison était achevée, elle aurait assez bon air, et, avec un peu de confort, on y verrait affluer les touristes, les malades et les amoureux en lune de miel. Mais le confort n'a pas encore frayé son chemin jusqu'ici, et voilà pourquoi ces trois intéressantes classes de la société ne viennent point troubler le silence et la quiétude d'Orotava.

En ce qui me concerne, vous savez combien peu ma maigre personne se soucie du confort; mais, bien que les voyages aient pour moi un attrait si puissant que j'ai pu me résoudre à venir ici tout seul, j'aime à rencontrer en chemin un aimable compagnon de route. Je vous avoue que j'avais la certitude de trouver ici quelque membre de l'Alpine club se préparant à l'ascension du Pic; mais je vois bien que je devrai faire seul cette excursion : à Orotava comme à Santa-Cruz je suis le premier étranger de passage depuis l'année dernière. Je suis convaincu qu'un industriel suisse trouverait moyen d'attirer ici les touristes. Les réclames d'hôtelier feraient mieux la fortune d'Orotava que les pompeuses descriptions des voyageurs.

Orotava est reliée à Sainte-Croix par une excellente route. C'est la seule route de l'île, qu'elle traverse dans la moitié de sa longueur. Elle fut construite militairement par le général Ortega, mort fusillé, le meilleur gouverneur qu'aient jamais eu les Canaries.

Deux fois par jour une mauvaise voiture fait le service entre les deux localités. J'ai pris celle de deux heures, qui arrive ici le soir. C'est une patache assez primitive, aux carreaux cassés, aux tentures sales et déchirées, traînée par six chevaux. Au départ, la chaleur est cuisante : comme il n'y a pas moyen de respirer dans l'intérieur, je monte sur l'impériale, où je m'abrite d'une ombrelle, car le soleil est presque au zénith.

Pendant la première heure, la vue est vraiment belle. La route, tracée en limaçon, s'élève en pente douce vers les hauteurs de la Laguna, et Sainte-Croix reste constamment en vue avec ses maisons blanches comme la neige, ses terrasses à la mauresque, ses clochers et son port où se balancent quelques voiliers et deux ou trois paquebots. La nappe bleue de l'Océan grandit à mesure qu'on s'élève : elle est si vaste, que par une illusion d'optique elle semble monter vers l'horizon par une inclinaison de 45 degrés : l'œil n'en aperçoit point les dernières limites, perdues dans ces brumes qui planent perpétuellement sur les mers tropicales. Ce qui est magnifique d'aspect, ce sont les montagnes volcaniques d'Anaga, qui dominent Sainte-Croix vers le nord-est : ces montagnes, qui ont été peu explorées, me tentent par leurs formes agrestes et tourmentées, et je ne quitterai point Ténériffe sans y faire une excursion.

Nous avions à peine quitté Sainte-Croix, que je remarquai le changement de température : à la chaleur torride de la côte succéda l'agréable fraîcheur des hauteurs. Lorsque j'ai dominé Sainte-Croix du haut des plateaux, j'ai compris pourquoi cette ville est une fournaise : elle occupe le fond d'un entonnoir encaissé, où se concentrent les rayons solaires. Mais je ne revins pas de ma surprise quand, au bout de deux heures de montée, j'arrivai à la Laguna. On m'avait bien prévenu que cette localité jouissait d'un climat plus frais que la capitale, mais je ne m'attendais guère à trouver à si peu de distance de la côte brûlante et ensoleillée des brumes pouvant rivaliser avec les brouillards britanniques et un froid assez vif pour m'obliger à endosser mon manteau. Pendant qu'à Sainte-Croix les gens se promenaient en coutil, ici l'on se promenait en poncho de laine, en plein mois de juillet et en face du Sahara ! L'île de Ténériffe est peut-être la seule contrée qui, sur un espace aussi restreint, présente de tels écarts de température. On comprend quels avantages en résultent pour les habitants de Sainte-Croix, qui tous ont une maison de campagne aux environs de la Laguna où ils peuvent, quand bon leur semble, fuir les chaleurs énervantes de la capitale.

Cette ville de la Laguna doit son nom à quelque ancien lac desséché. Elle m'a paru assez triste. De longues rues tirées au cordeau, absolument désertes; des façades d'une architecture froide et mélancolique, bien qu'elles soient bariolées de toutes les couleurs possibles : il y en a de jaunes, il y en a de vertes, et même de bleues. La Laguna est une ville déchue, comme Tolède. Elle fut longtemps la capitale de Ténériffe, et elle en est toujours la métropole religieuse. Elle est aujourd'hui morte et inanimée, bien qu'elle porte encore les traces de sa splendeur passée. Elle possède plus d'un palais somptueux, dont les façades qui tombent en ruine sont envahies par une végétation de parasites. Cette fois je n'ai fait que la traverser : j'avais hâte d'arriver à Orotava.

En quittant la Laguna, il m'a semblé entrer dans une sorte de Sibérie. Au point le plus élevé de la route, le brouillard était si intense qu'on ne voyait plus à six mètres. Les arbres qui bordaient la route me rappelaient ceux de nos contrées : des saules, des robiniers, des platanes du Liban. Çà et là un palmier s'estompait dans la brume, comme par anachronisme. Sur ces hauts plateaux, le climat se prête encore à la culture du maïs; les nopals à cochenille ont disparu.

Le long du chemin, nous rencontrions des paysans montés sur des ânes tout petits de taille, enveloppés dans une sorte de poncho de laine blanche, les jambes nues et pendant presque jusqu'à terre; leurs culottes courtes en toile blanche les font ressembler aux paysans valenciens. Parfois aussi nous voyons passer gravement un dromadaire au regard pensif; mais le paysan de Ténériffe ne monte point cet animal, qui sert uniquement au transport des fardeaux. Les gens de la campagne cheminent à âne, ceux de la ville vont à cheval. Les selles des ânes et des chevaux se relèvent à la mode arabe.

Nous passons l'important village de Tacoronte, où je m'arrêterai plus tard; à Matanza, vingt minutes d'arrêt pour dîner : il y a là une pittoresque *estancia* où l'on nous sert de la soupe au riz, de la langue de bœuf et d'excellentes perdrix; un voisin me dit que l'hôtesse, qui est venue d'Espagne, passe pour la meilleure cuisinière du pays, et je n'ai pas de peine à le croire, après les tristes épreuves culinaires que j'ai subies à Sainte-Croix.

A partir de Matanza, on recommence à descendre. Tout à coup le voile de vapeurs se déchire, et à travers la lumineuse échappée, il me semble apercevoir de lointains scintillements dont je ne me rends pas immédiatement compte : ce sont les flots de l'Atlantique, que nous dominons de quelque mille pieds. Cet Océan ridé entrevu dans la brume est d'un effet magique. Mais cette vision ne dure qu'un instant, et quand nous arrivons à Victoria, il fait déjà obscur. Sous cette latitude, la nuit tombe vite, et succède au jour presque sans transition. Une heure plus tôt, j'aurais pu contempler du haut de cette côte l'admirable paysage d'Orotava. On raconte que lorsque l'illustre Humboldt arriva à Victoria, au point où la route débouche sur la vallée d'Orotava, il arrêta son cheval et s'écria en joignant les mains : *Ceci est ce qu'il y a de plus beau sur la terre!*

Je suis arrivé à Orotava à huit heures du soir, affligé d'un rhume : c'est le seul inconvénient qu'il y ait à passer par tous les climats en six heures. Je suis tout seul à l'hôtel, et cette solitude ne me déplaît pas. A Sainte-Croix, je devais tant me multiplier auprès des aimables indigènes, que c'est à peine si je trouvais le temps de m'occuper de ma correspondance. Puis il y avait l'autre société, moins aimable et plus importune, qui a nom les moustiques. Ici j'en suis délivré. En revanche, il y a des légions de puces. Elles ont affaire à un nouveau venu, et elles ont juré de le sucer jusqu'au sang. Oh! les maudites bêtes!

CHAPITRE V

OROTAVA.

Célébrité d'Orotava. — Aspect du site. — Opinion de Humboldt. — Physionomie de la ville. — Maison de Juan de la Guardia. — Palais ruinés. — Calme et solitude. — Arautapala. — Souvenirs classiques. — Le pic de Ténériffe. — Son nom local. — Est-ce l'Atlas des anciens?

Il n'est rien qui pique la curiosité du voyageur comme d'arriver de nuit dans un lieu inconnu, l'imagination préparée à voir du nouveau et du merveilleux, la tête remplie de souvenirs puisés dans les descriptions des devanciers. Orotava est un de ces sites privilégiés dont la réputation s'étend au loin, dont tous les voyageurs ont parlé avec enthousiasme, et en y arrivant hier par une nuit obscure, j'étais possédé du plus vif désir d'en voir les beautés aux premières lueurs du jour.

Il y a à Orotava une promenade en terrasse ombragée de platanes, d'où l'on domine tout le pays environnant, comme du haut de la terrasse du château de Henri IV à Pau. Comme le cœur me battait lorsque, par une belle matinée des tropiques, je remontais la rue qui mène à cette terrasse ! Jamais je n'oublierai l'impression que j'éprouvai en y arrivant. Bien que le ciel fût voilé de nuages qui me dérobaient la vue du Pic et ne me laissaient entrevoir que les régions inférieures, le tableau qui se déroulait à mes yeux était si beau, si vaste, si inattendu, que je ne trouvai pas un mot pour consigner dans mon carnet les délicieuses émotions qui s'emparaient de moi. Ah! je comprends que tous les voyageurs aient éprouvé le même enchantement devant un pareil site : on voudrait le peindre en des termes exacts, mais nul n'a pu le faire. On peut décrire un coin des Alpes ou des Pyrénées, Orotava défie la description : cette vallée semble être un morceau détaché d'un monde meilleur ; elle ne ressemble en rien à ce que nous sommes habitués à voir sur les autres points de la terre. On l'a dit avec raison, c'est un type à part, un paysage que la nature n'a pas reproduit.

J'ai vu ailleurs des sites d'un aspect plus varié, plus saisissant ; j'ai vu un ciel plus éclatant, une verdure plus prononcée dans la vallée de Cintra, en Portugal, dont Byron faisait le lieu le plus délicieux qu'il y ait en Europe ; mais où trouver ces montagnes d'une beauté classique, ces teintes veloutées, cette atmosphère suave et embaumée, ce ciel tempéré malgré le voisinage de la zone torride, ce charme qu'on ne pourrait définir, et qui faisait dire à Humboldt qu'il n'avait vu nulle part, pas même dans les belles vallées du Mexique, un tableau plus attrayant, plus harmonieux? Ce grand peintre de la nature trouvait qu'aucun séjour n'était plus propre à dissiper la mélancolie, à rendre la paix à une âme agitée. Ce que l'on éprouve à la vue de l'Orotava est un sentiment de tranquille volupté, de bonheur intime, d'autant plus séduisant qu'on ne s'en rend pas compte et qu'on chercherait vainement à l'analyser. Peut-être y parviendrai-je quand j'aurai pu me familiariser avec ce site nouveau; pour le moment, je suis tout au plaisir que peut procurer la première vue d'une contrée où les anciens, qui comprenaient les beautés de la nature, avaient placé le séjour des bienheureux.

※

Si la vallée d'Orotava n'a pas sa pareille au monde, la ville qui lui donne son nom a une physionomie qui n'appartient qu'à elle. Ce n'est plus la froide régularité de Sainte-Croix ni la triste monotonie de la Laguna, c'est un labyrinthe compliqué de rues et de ruelles montueuses, tortueuses et enchevêtrées, tracées sans plan, se coupant à tort et à travers, faisant entre elles les angles les plus invraisemblables, larges ici, étroites plus loin, commençant on ne sait où, n'aboutissant nulle part, ne se souciant en aucune façon des accidents de terrain, attaquant de front les pentes les plus ardues et descendant à fond de train ravins et précipices. J'ai vu des rues qui n'ont pas beaucoup moins de 40 degrés d'inclinaison. La localité est grande à peine comme un de nos villages, mais elle est si embrouillée, que je n'y fais pas dix pas sans me perdre. La ville est perchée sur le penchant d'une montagne descendant rapidement vers la mer, dont la nappe bleue s'étend à perte de vue à 2,000 pieds plus bas. Deux artères transversales sont les seules qui offrent une horizontalité relative; les autres rues sont inaccessibles aux voitures. Les maisons sont distribuées pêle-mêle, sans aucune préoccupation d'alignement : ce dont se souciaient bien davantage les fiers Castillans qui les édifièrent il y a deux ou trois cents ans, c'était de bâtir plus haut que le voisin, en gagnant de plus en plus dans la montagne. Nul ne voulait être privé de la vue, et voilà pourquoi les maisons se hissent les unes au-dessus des autres sur les pentes les plus escarpées. On m'a montré, au sommet de la ville, un palais en ruine juché sur un pli de terrain d'un accès si difficile, que la tradition dit que son propriétaire ne l'a jamais habité.

A Orotava, les maisons n'ont généralement pas d'étage : utile précaution dans un pays volcanique sujet à de fréquents tremblements de terre. Chaque habitation se termine par une terrasse à l'orientale crépie à la chaux. C'est là que la famille se réunit le soir pour assister au coucher du soleil aux sons de la guitare accompagnant les *canciones*. La plupart des maisons sont faites en pisé ; elles ont des balcons à l'espagnole, et des volets verts aux milieu desquels est pratiqué un judas (*postigo*), simple planchette qui joue sur ses charnières chaque fois qu'un passant trouble le silence de la rue. Ici comme à Séville on a coutume d'inscrire sur des carreaux de porcelaine les numéros des maisons et les dénominations des rues; la plupart des rues portent le nom de quelque Canarien qui a illustré son pays.

Il y a à Orotava beaucoup d'antiques maisons seigneuriales datant des premiers temps de la conquête. Leurs portes majestueuses sont surmontées d'écussons ; elles ont des balcons en bois sculpté d'un travail exquis et d'énormes corniches en saillie. La plus belle est celle de don Juan de la Guardia : la façade, du seizième siècle, avec ses fenêtres à fronton, est d'une grande originalité. Quand on franchit le seuil, on se trouve dans un gracieux patio plein de fraîcheur, orné d'œuvres d'art, de statues que le propriétaire a fait venir de France. Des fleurs, des oiseaux égayent ce salon à ciel ouvert; tout autour règne une élégante galerie; dans un des angles, un superbe escalier à rampe sculptée, en bois d'acajou de Ténériffe noirci par le temps. Voilà une demeure qui réalise le type idéal de l'habitation humaine !

J'ai été péniblement frappé du grand nombre de ruines qu'on rencontre à chaque pas à Orotava. La plupart des palais ont été détruits par le feu, dont ils portent encore les traces. On ne les a point relevés de leurs cendres. A la vue de ces somptueux vestiges, je me suis cru parfois transporté dans Tolède, qui présente le même aspect de grandeur déchue.

Absolument isolée du monde, l'Orotava a une physionomie calme et parfaitement heureuse qui séduit au premier abord. C'est, on l'a dit, le véritable *rus in urbe* dont parle Horace. Comme on est loin ici du bruit et des agitations des villes ! Il semble que les indigènes n'aient d'autre souci que de couler des jours sereins. Point de circulation, point de voitures; on n'entend d'autre bruit que celui des ruisseaux, des chansons et des guitares. Heureux Orotaviens ! Ils ne songent guère à faire de la politique et à organiser des *pronunciamientos* : ils aiment à respirer en paix la pure atmosphère où se mêlent l'oxygène vivifiant de la montagne et les émanations salines de la mer. Je comprends, ma foi, que le naturaliste Ledru ait pu dire dans son enthousiasme que s'il avait dû abandonner son pays natal et chercher une autre patrie, c'est aux îles Fortunées, c'est à Orotava qu'il aurait terminé sa carrière.

Orotava, c'était l'*Arautapala* des Guanches. J'aime à me représenter en imagination l'aspect que pouvait offrir cette ville avant l'arrivée des Espagnols, quand elle était la résidence des plus puissants *menceys* de Ténériffe, quand elle était la capitale du royaume de *Tahoro*, la plus belle province de toute la république guanche, quand le peuple s'assemblait dans l'enceinte du *Tahoro* pour procéder au couronnement d'un nouveau roi, ou encore quand avaient lieu des réjouissances publiques accompagnées de jeux qui rappelaient les jeux Olympiques.

Et puis, que de souvenirs classiques réveille la vue de ce fortuné coin de terre! N'est-ce pas ici ce lieu de délices et de plaisirs qu'un dogme de la mythologie païenne réservait aux âmes des héros et des sages? Voilà ces Champs Élysées dépeints par Homère, où les hommes passaient une vie paisible et douce. N'est-ce pas aussi dans cette vallée d'Orotava que se trouvaient ces fameux jardins des Hespérides qui produisaient les pommes d'or et que gardait un dragon? Hésiode dit qu'Atlas soutenait le ciel aux extrémités de la terre, près du pays des Hespérides. Atlas, n'est-ce pas le pic de Ténériffe, et l'antiquité n'a-t-elle pas identifié le pays des Hespérides avec les îles Fortunées? Le dragon qui gardait les pommes d'or n'était sans doute autre chose que cet arbre des Canaries connu sous le nom de dragonnier, dont le tronc affecte la forme d'un serpent monstrueux, dont la séve ressemble à s'y méprendre au sang d'un être vivant. Quant aux pommes d'or, on les cultive encore dans la vallée d'Orotava : ce sont les oranges, que l'on désigne en latin sous le nom de *malum aureum* ou *malum Hesperium* (pomme des Hespérides).

* * *

C'est par un soleil couchant que j'ai vu pour la première fois le pic de Ténériffe. Le voile de nuages qui l'enveloppait depuis mon arrivée s'est enfin dissipé, et quand je suis monté ce soir à la terrasse, l'immense pic m'est apparu tout entier, plein de gloire et de magnificence. Je ne m'étonne plus que cette montagne ait longtemps passé pour la plus haute du globe. Surgissant, pour ainsi dire, du sein des flots, elle s'élève lentement, majestueusement, vers les régions de la sérénité, et dans son superbe isolement elle prend des proportions étonnantes. Éclairée par les derniers feux du soleil, elle resplendissait de lumière pendant que l'ombre envahissait les régions inférieures, et sa cime étincelante était si haute, si aérienne, qu'elle semblait ne plus appartenir à la terre. Je n'ai vu nulle part un pic qui réalise si bien l'idée de grandeur que nous associons au type idéal de la montagne.

Le pic de Ténériffe a pour nom local *Teyde* : ce n'est qu'une transformation de *echeyde*, mot guanche qui signifie *enfer*. Voilà pourquoi Ténériffe, avant la conquête, était universellement connue sous le nom de l'*île de l'Enfer*. Rien d'étonnant que l'imagination d'un peuple simple et naïf ait conçu l'idée que ce volcan vomissant des torrents de lave enflammée devait être la bouche de l'enfer. Les conquérants substituèrent à ce nom celui de Ténériffe, qui serait lui-même un composé de deux mots guanches, *tener* (neige) et *yfe* (montagne). Ténériffe pourrait donc se traduire par *mont Blanc*. Le Teyde est, en effet, couvert d'un manteau de neige pendant neuf mois de l'année, et c'est pour cette raison que les anciens donnèrent à Ténériffe le nom de *Nivaria*.

Puisque me voilà lancé encore une fois sur les sentiers épineux de l'érudition, puis-je m'arrêter en si beau chemin? Vous êtes en droit de me demander ce qu'il faut penser de cette tradition qui fait du Teyde l'Atlas des anciens. Moi qui ai l'ambition de gravir le Pic, je ne puis d'ailleurs décemment ignorer s'il est bien ce qu'Hérodote appelle la colonne du ciel. Je vous dirai brièvement ce que je sais, à condition que vous m'absoudrez de vouloir m'acoquiner à ce genre d'exercice.

Hérodote nous apprend que l'Atlas est une montagne de forme cylindrique, située dans la mer, et que sa cime est si haute, qu'on ne peut l'apercevoir, parce qu'elle est toujours couverte de nuages en hiver et en été. Je voudrais vous dépeindre le Teyde en quatre mots, que je ne pourrais mieux m'y prendre. Virgile nous fait une description plus précise encore du mont Atlas, qu'il appelle l'insigne soutien du ciel, et qui porte sur ses épaules une sphère ornée d'étoiles ardentes. Dans cette description on reconnaît le Teyde à l'aspérité de ses versants, à l'éminence de la partie verticale qui sert d'appui à la voûte céleste, à la densité de ses nuages, à ses glaces, à ses vents, à l'épaisseur de ses pins. L'Atlas se trouvait au milieu de la mer, car le poëte nous dit que Mercure s'élança dans la mer du haut de sa cime. Vous citerai-je d'autres auteurs de l'antiquité, qui plaçaient l'Atlas dans les îles Fortunées, dans les Hespérides? J'aime mieux croire que vous me dispensez de grand cœur d'un aussi vaste étalage de science.

CHAPITRE VI

LE PUERTO.

Un port en miniature. — La route du Puerto. — Les *montañetas*. — Les estancos. — La cochenille. — Succès d'un casque indien. — Décadence du Puerto.

Lorsque, du haut de la terrasse ombragée de platanes, dont les Orotaviens font leur promenade favorite, on contemple le grandiose paysage qui se déroule depuis la cime du Teyde jusqu'aux rivages de l'Atlantique, on aperçoit tout au fond de la vallée, à six kilomètres de distance, une petite ville étincelante de blancheur, posée sur le bord de l'Océan. Ce port en miniature, qui semble fait tout exprès pour le paysage, s'appelle le *Puerto de Orotava*. Je ne l'ai pas sitôt vu de loin, que j'ai voulu l'aller voir de près, tant le site m'avait semblé séduisant.

J'ai donc loué un cheval, et, doublement abrité sous mon casque indien et mon ombrelle, j'ai bravé les ardeurs du soleil et suis descendu au Puerto. En cinq minutes j'ai traversé toute la ville d'Orotova, et me voici chevauchant au pas sur une belle route bordée de platanes, de poivriers, d'eucalyptus globulus. Plantés depuis cinq ou six ans, les eucalyptus ont déjà dépassé vingt mètres de hauteur. On sait que cet arbre, lorsqu'il se trouve dans un terrain favorable, croît d'un pouce par jour. Rien n'est plus joli que les haies où s'épanouissent les géraniums, les héliotropes, les plumbagos, les robiniers, les roses et les jasmins. Devant moi miroite la nappe bleue de l'Atlantique, dominée par de hautes falaises basaltiques profondément déchirées; le Puerto se dessine au fond, à demi caché entre les falaises et noyé dans des flots de lumière.

Les *montañetas* sont un trait caractérisque du paysage : les indigènes désignent sous ce nom des cônes d'éruption qui ont surgi dans différentes parties de l'île; il n'y en a pas moins de trois dans la seule vallée d'Orotava. Ils présentent l'aspect de petites montagnes pointues, parfaitement régulières : on ne pourrait mieux les comparer qu'à des taupinières. Dans la vallée d'Orotava, ces buttes volcaniques sont écloses au beau milieu de la campagne, à mi-côte entre la Villa et le Puerto. La tradition a conservé le souvenir de leur formation, et là où il y avait autrefois des champs couverts de moissons, on ne voit plus maintenant que des amas de cendres et de scories, frappés de stérilité. Dans le moment même où j'écris ces lignes, une montañeta pourrait tout à coup surgir sous mes pieds et me faire sauter en l'air avec ma plume et mon encre. Les habitants d'une île travaillée par les feux souterrains sont continuellement exposés à de semblables surprises.

De la Villa au Puerto on traverse un pays d'une fécondité inouïe, où dominent les cultures de maïs et de nopals à cochenille. L'eau circule partout dans des canaux en maçonnerie; on rencontre de nombreux *estancos*, grands réservoirs de forme circulaire : ces réservoirs sont soigneusement construits en basalte granitique, et une couche de chaux hydraulique en rend les parois imperméables. Toutes les eaux des montagnes sont ainsi conservées pour l'irrigation des champs, et il n'en est pas une goutte qui aille se perdre dans la mer.

Des millions de grenouilles ont élu domicile dans les estancos; chaque fois que je m'approche de l'un de ces bassins, elles y font le plongeon avec le plus remarquable ensemble. Sitôt après le coucher du soleil, elles commencent un concert infernal. Ces énormes grenouilles des tropiques ont un coassement bien autrement puissant que celui de nos batraciens.

A cette époque de l'année le pays offre un aspect jaune et calciné qu'il ne doit pas avoir au printemps. Il est certain aussi qu'au temps où Humboldt visita l'Orotava, la contrée présentait une autre physionomie; alors toute la vallée n'était qu'un immense vignoble; depuis, l'oïdium a tué la vigne, et à la culture du raisin l'on a partout substitué celle de la cochenille, qui présente un aspect moins agréable à l'œil.

La cochenille n'est pas une plante, comme beaucoup de gens le pensent, mais un insecte qui vit sur une plante. Cet insecte, importé du Mexique, n'a point d'ailes. Son corps, rond et gros comme une petite araignée, renferme cette matière écarlate utilisée en teinture. Le mâle a seul la faculté de se mouvoir. La femelle vit en parasite sur la plante, dont elle se nourrit au moyen d'un suçoir; elle est enveloppée d'une sorte de duvet d'un blanc laiteux, dans lequel elle dépose ses œufs.

Il n'est pas de plantes qui portent autant de noms que celle sur laquelle se cultive la cochenille : on l'appelle cactus ou cactier, raquette, nopal, figuier d'Inde ou de Barbarie; les Canariens l'appellent *tunera*; ils donnent au fruit le nom de *pico*, à cause des piquants dont il est armé : c'est la vulgaire figue de Barbarie, si commune en Algérie; les insulaires, de même que les Arabes, en font une immense consommation, bien que l'abus en soit très-pernicieux à raison des innombrables pepins qu'il renferme.

Le temps n'est plus où la culture de la cochenille donnait 40 pour 100. Le Mexique et l'Égypte font concurrence aux Canaries. Mais ce qui a le plus contribué à déprécier la cochenille, ce sont les progrès de la chimie : la découverte de l'anyline a porté un grand coup aux nopaleries de Ténériffe. Depuis, on a commencé à cultiver le tabac ; mais le gouvernement espagnol, qui avait encouragé ces plantations en promettant d'acheter les produits à un prix convenu, n'a point tenu ses engagements, et bien que le tabac de Ténériffe soit aussi estimé que celui de la Havane, cette culture tend à être abandonnée. La cochenille, malgré son bas prix, est encore plus rémunératrice.

Quand j'ai fait mon entrée dans la ville du Puerto, mon casque a obtenu un grand succès d'hilarité. Les femmes riaient aux éclats, s'écriant : « Ave Maria, que sombrero! » J'ai opposé une stoïque indifférence aux quolibets de ces dames, et ai bravement traversé toute la ville, jusqu'à la mer, où se balançaient tristement deux vieilles carcasses de bateaux que j'avais aperçues du haut de la terrasse d'Orotava.

Hélas! c'est là tout le mouvement de ce port autrefois si florissant. Au temps où la vigne était cultivée à Ténériffe, des maisons anglaises s'établirent au Puerto, et cette petite ville éclipsa par sa prospérité commerciale sa rivale Sainte-Croix. La vallée d'Orotava était, en effet, le principal lieu de production, et pour éviter le transport coûteux des vins à Sainte-Croix, à quarante kilomètres de distance, on les embarquait directement au Puerto. Lors du blocus continental, au commencement de ce siècle, les navires affluaient en foule au Puerto : à défaut de vins de France, l'Angleterre consommait alors les vins du Portugal, de Madère et de Ténériffe. L'oïdium a tué la prospérité du Puerto : cette ville est devenue triste et silencieuse. Les Anglais l'ont désertée, et les navires étrangers ne viennent que de loin en loin chercher un chargement de cochenille.

J'ai trouvé au Puerto une température beaucoup plus élevée qu'à Orotava. On ne compte pourtant que cinq kilomètres de l'une à l'autre localité, mais il y a une différence d'altitude de 2,000 pieds. Beaucoup d'indigènes passent l'été à Orotava, l'hiver au Puerto.

C'est au Puerto que mouillent les petits voiliers qui chaque semaine vont de Ténériffe à l'île Palma. On visite à la Palma l'immense cratère éteint connu sous le nom de Caldera. Je m'étais proposé d'y faire une excursion ; mais la vue seule du voilier m'a fait renoncer à mon projet : il n'y a pas de cabine, pas de lit, pas même de bancs ; il faut coucher sur le pont, et emporter des vivres et des couvertures. Et si le vent est contraire, on risque de mettre huit jours à franchir les quelques lieues qui séparent les deux îles.

Les Canariens ne semblent guère se douter de l'invention de la navigation à vapeur : les îles de l'archipel n'ont d'autre service postal que les affreux petits voiliers que je viens de décrire. Et si quelqu'un était assez malavisé pour vouloir établir un service de navigation à vapeur, il payerait probablement de sa vie cette tentative de concurrence, comme ce malheureux Anglais qui fut assassiné il y a quelques années par une main inconnue.

CHAPITRE VII

LE JARDIN D'ACCLIMATATION DE TÉNÉRIFFE.

Célébrité du jardin. — Avantages de son emplacement. — But de sa création. — Principaux produits. — Don Hermann Wildpret. — Budget dérisoire. — Anecdote. — La quinta de Humboldt. — Splendide panorama. — Dîner chez don Wildpret.

Qui n'a entendu parler du Jardin d'acclimatation de Ténériffe? Si Humboldt a pu dire que presque toutes les relations de voyage commencent par une description de Madère et de Ténériffe, on pourrait ajouter qu'il n'est pas un récit de voyage autour du monde qui ne fasse mention du Jardin d'acclimatation.

Ce jardin fut créé vers la fin du dernier siècle, sous le règne de Charles III, par l'initiative privée du marquis de Villa-Nueva del Prado, qui consacra à cette œuvre une grande partie de sa fortune personnelle. Il choisit pour son emplacement une plaine située dans la vallée d'Orotava, à mi-chemin environ de la Villa et du Puerto, à une altitude de 200 mètres au-dessus du niveau de la mer. A cette altitude on jouit d'une température intermédiaire entre les chaleurs de la côte et la fraîcheur des hauts plateaux.

De tous les points du globe, il n'en est peut-être pas un qui réunisse comme la vallée d'Orotava les conditions d'acclimatation des plantes exotiques : la moyenne de la température y est de 18° c., et l'écart entre les températures extrêmes n'est que de 8 à 10 degrés. Dans cette heureuse vallée les étés n'ont point les ardeurs de la zone torride, comme dans les autres régions situées sous cette latitude, et l'on n'y connaît point les rigueurs de l'hiver. Aussi les plantes des contrées les plus éloignées et les plus chaudes du globe s'y développent parfaitement en plein air : les fougères arborescentes, les camphriers et maints autres végétaux de la zone intertropicale s'acclimatent admirablement dans l'Orotava et y croissent aujourd'hui spontanément, bien qu'on ne puisse douter qu'ils y aient été importés des tropiques.

L'idée du marquis de Villa-Nueva était d'inaugurer à Ténériffe ce qu'il appelait l'*acclimatation*. Pour faire prospérer en Europe les plantes de la zone torride, il ne croyait rien de mieux que de les accoutumer d'abord à une température de transition. Au lieu de transporter directement les sujets exotiques dans les climats tempérés, il fallait les préparer à l'émigration par un séjour temporaire au jardin d'Orotava; là ils s'acclimateraient, et l'on pourrait ensuite sans danger les transporter en Europe.

L'expérience a démontré que cette acclimatation successive n'est qu'une utopie. Toutes les plantes exotiques qui parviennent à vivre en Europe peuvent se passer de cet intermédiaire; celles qui ne prospèrent point, transportées directement, ne réussissent pas mieux après un séjour temporaire à Orotava; l'intermédiaire est inutile. Comme l'a remarqué M. Berthelot, les latitudes isothermes peuvent seules réaliser l'acclimatation, la nature ayant soumis la végétation à des conditions d'existence que l'homme ne peut reproduire que dans les serres.

Si le Jardin d'acclimatation n'a pas entièrement répondu aux espérances de son fondateur, il n'en est pas moins digne d'occuper l'attention de quiconque s'intéresse à la science des plantes. Il résume toutes les merveilles de la végétation tropicale, et en parcourant ces allées ombragées par mille plantes exotiques, il me semblait errer au milieu d'une immense serre à ciel ouvert. Je m'y suis promené toute la journée, respirant avec volupté un air embaumé par les essences odoriférantes, goûtant les fruits les plus délicieux qui soient au monde, m'extasiant devant des fleurs d'un coloris inimitable.

Il n'y a pas moins de trois mille espèces cultivées dans un espace de deux hectares, et malgré la nature argileuse du terrain, la végétation se développe avec une rapidité inouïe. Un *ficus imperialis* et un *oreodoxia regia* (palmier royal), semés il y a vingt ans, dépassent aujourd'hui quinze mètres de hauteur. Un pied de *musa ensete* (bananier d'Abyssinie), semé il y a deux ans et demi, atteint plus de cinq mètres d'élévation. Un *latania Borbonica* (palmier de la Martinique), semé il y a quinze ans, porte à trois mètres de hauteur ses gracieuses palmes en éventail. Les arbres d'Europe croissent avec une vigueur non moins étonnante : un *pin piña* couvre de son ombre une circonférence de quinze mètres de diamètre : il a fallu en étançonner les branches. Ce que j'ai vu de plus extraordinaire, c'est un *eucalyptus globulus* semé il y a vingt-six mois, et haut déjà de douze mètres !

Je n'en finirais pas si je voulais énumérer toutes les curiosités végétales de ce jardin. J'y ai vu le fameux dragonnier de Ténériffe (*dracena draco*), cet arbre étrange, moitié palmier, moitié cactus, qui fut personnifié par les anciens ; le platane du cap (*strelizia augusta*), dont la fleur ressemble à une tête d'oiseau ; le manguier des Antilles (*mangifera Indica*), dont le fruit succulent, gros comme une orange, procure au quatrième sens des jouissances inénarrables ; l'*ipomica*, plante grimpante dont la fleur bleue ne se flétrit jamais ; le cannellier de Ceylan à la feuille parfumée ; le palmier de Cuba, qui se couvre de fleurs blanches comme la neige; la pomerosa (*Eugenia yambosa*), dont le fruit rappelle à s'y méprendre le parfum de la rose; l'arbre à lait (*galactodendron utile*); l'arbre à beurre (*Persea gratissima*). Parmi les nombreuses espèces de ficus, le plus étrange est le *ficus imperialis*, originaire d'Australie : son fruit croît par terre, au pied du tronc, et c'est sans doute un phénomène unique dans la nature. Le plus gracieux des conifères me semble être le pin des Canaries (*pinus Canariensis*) : les vaisseaux de l'*invincible Armada* furent construits du bois de ce pin. N'oublions pas de citer le baquois ou vacoua (*pandanus odoratissimus*), le plus curieux peut-être des arbres monocotylédonés, avec sa tige rameuse dont les jets plongent dans la terre et forment comme autant d'arcs-boutants.

C'est l'intelligent jardinier don Hermann Wildpret qui a bien voulu me guider au milieu de ce merveilleux labyrinthe. Natif de la Suisse, il quitta son pays jeune encore, pour émigrer au Venezuela; arrivé à Ténériffe, il s'éprit de ce beau pays et en fit sa nouvelle patrie. Depuis vingt-trois ans il a pris à cœur de relever le jardin de l'état déplorable où il l'avait trouvé. La situation actuelle de l'établissement est loin d'être aussi brillante qu'on pourrait le souhaiter; mais il faut convenir que don Wildpret sait faire des miracles avec les ressources tout à fait dérisoires dont il dispose. Je ne revenais pas de ma surprise lorsqu'il me disait que le budget affecté par le gouvernement espagnol à l'entretien du jardin n'est que de 20,000 réaux (5,000 francs), dont 6,000 sont attribués au directeur et 4,000 au jardinier; le reste est affecté aux frais d'entretien et à la solde des péons. Le directeur, — une cinquième roue, — reçoit donc 1,500 francs par an, alors que M. Wildpret, l'âme de l'établissement, en reçoit seulement 1,000! Aussi est-il réduit à se créer des ressources par le commerce de graines. Croirait-on que, faute d'argent, il n'y a pas de catalogue annuel! Et peut-on s'étonner qu'en l'absence d'un catalogue, le jardin n'ait pas de relations suivies avec les établissements d'Europe?

Ces étranges révélations ne peuvent qu'affliger l'enthousiasme des étrangers qui visitent le jardin d'Orotava. Les Espagnols eux-mêmes s'en indignent. Un Catalan, M. Masferrer, écrivait récemment dans la *Revista de Canarias* qu'il n'y a qu'un gouvernement espagnol qui puisse affecter un budget aussi mesquin à une création d'une pareille importance. Si cet établissement était la propriété de n'importe quelle autre nation, il se trouverait à la tête des institutions de ce genre, il aurait un nombreux personnel et un riche budget, tout au moins un catalogue! Le jardin d'Orotava, qui jouit d'une si grande réputation à l'étranger, n'est guère visité par les indigènes, et c'est à peine si dans la Péninsule on en connaît l'existence.

Que dis-je! Ils en sont même en Espagne à ignorer la géographie des Canaries, et j'ai entendu raconter à cet égard l'anecdote très-véridique que voici. Sous le ministère Narvaez, le maréchal Serrano et plusieurs autres condamnés politiques furent envoyés aux Canaries, dont le gouvernement espagnol a fait un lieu de déportation. Ils débarquèrent à Sainte-Croix de Ténériffe, et de là ils passèrent à la Orotava, en traversant la ville de la Laguna. Le journal officiel annonça la nouvelle en disant que les condamnés avaient été débarqués à Sainte-Croix, capitale de l'une des Canaries, puis transférés à la Laguna, *une autre île,* et enfin à la Orotava, *une troisième île!* Les Canariens en riront longtemps encore.

On ne peut quitter le Jardin d'acclimatation sans aller visiter, à peu de distance de là, le petit manoir de *la Paz* (la paix), maison de plaisance de M. Thomas Cologan, marquis de la Candia. Les indigènes la désignent sous le nom de *quinta de Humboldt,* parce que c'est dans cette même maison que résida le célèbre voyageur lors de son passage à Ténériffe. Elle appartient au descendant de ce M. Cologan, d'origine irlandaise, qui donna l'hospitalité au chambellan. Tout y respire un calme champêtre, et le nom de la Paz répond bien à l'aspect du site. D'après une tradition, c'est ici que fut signée la paix entre les Guanches et les Espagnols. Au-dessus de la porte d'entrée, j'ai lu cette heureuse devise : « *Hic est requies mea.* »

Le domaine de la Paz a cet aspect abandonné qui m'afflige partout ici : il a une contenance de vingt hectares avec les cultures ; l'ensemble représente, me dit-on, une valeur de 30,000 duros (150,000 francs). On ne saurait imaginer de situation plus pittoresque. Une allée bordée de myrtes et de cyprès mène du manoir à une terrasse qui domine l'Océan. Telle est l'incurie espagnole, que cette terrasse n'est point pourvue de garde-fou, malgré l'accident fatal survenu il y a quelques années à un Anglais dont le cheval se précipita avec son cavalier du haut de la terrasse jusque dans la mer.

Quand j'arrivai au bord de la terrasse, je ne pus réprimer un cri d'étonnement : j'étais littéralement suspendu au-dessus de l'Atlantique, qui se déployait à cinq ou six cents pieds au-dessous de mon observatoire aérien. Cette vue est d'un effet saisissant. Les flots, d'un bleu ultra-marin, se brisaient à mes pieds contre de noires murailles de basalte où végète l'euphorbe (*euphorbia Canariensis*). La brise de la mer entretient ici une éternelle fraîcheur. La petite ville du Puerto se déploie vers la gauche, gentille et coquette, au pied des falaises, et l'œil peut suivre le développement de la côte échancrée sur une étendue de plusieurs lieues. Un voilier en destination du Venezuela voguait sur la mer miroitante, et je le vis bientôt se perdre dans la brume qui voilait la ligne de l'horizon. En me retournant, je pouvais embrasser d'un coup d'œil toute la vallée d'Orotava, se développant comme un cirque de plus de dix lieues de pourtour, dominé par une longue série de cratères volcaniques aux formes âpres et tourmentées. Le Jardin d'acclimatation, avec sa luxuriante végétation tropicale, semblait une oasis au milieu de l'immense vallée. A gauche surgissaient les noirs cônes d'éruption, connus sous le nom de *Hijos del Teyde* (les enfants du Teyde). Sur les hauteurs de Santa-Ursula j'apercevais la *Casa blanca,* la petite maison blanche où je passai l'autre jour, et d'où Humboldt découvrit pour la première fois la vallée d'Orotava. A l'arrière-plan se profilaient dans le ciel bleu les rochers de *los Organos,* colonnade basaltique qui doit son nom à sa ressemblance avec des orgues de cathédrale. La gigantesque pyramide du Teyde, empanachée de nuages aériens, dominait de toute sa hauteur le paysage dont il formait le point de mire.

Un tableau d'une aussi infinie beauté échappe à la description : on ne peut que le contempler avec une religieuse attention, en recommandant à sa mémoire de n'en pas perdre un seul détail.

Don Hermann Wildpret, qui m'avait accompagné à la Paz, ne voulut pas me laisser retourner à Orotava que je n'eusse consenti à dîner à la bonne franquette avec sa nombreuse famille. L'*arroz a la valenciana,* le mets national espagnol, fut le plat de résistance : poulet au riz, avec une sauce emporte-palais, qui rappelle le curry de l'Inde. M. Wildpret et sa famille habitent une modeste maison située à l'entrée du Jardin d'acclimatation. Ces braves gens passent ainsi leur vie au milieu des plantes, qu'ils cultivent tous avec la même passion, le même enthousiasme : l'amour de la nature supplée chez eux aux ressources budgétaires, et c'est là tout le secret de ce tour de force qui consiste à entretenir un Jardin d'acclimatation avec un revenu dérisoire. A cette passion de la botanique ils joignent une bienveillante hospitalité qui m'a vivement touché.

CHAPITRE VIII

AGUA-MANSA.

Les chemins canariens. — Aspect des champs. — Habitations des paysans. — Une oasis. — Climat de l'Agua-Mansa. — Une source d'eau douce. — Les orgues. — Poétique solitude. — Tableau merveilleux. — Un intérieur de paysan. — Sobriété des Canariens. — Le gofio.

Quand j'ai vu hier, du domaine de la Paz, les rochers basaltiques qui rappellent par leur nom et leur forme les célèbres « Orgues » de Rio de Janeiro, j'ai aussitôt conçu l'idée d'y faire une excursion. J'ai donc loué ce matin un cheval. J'ai traversé toute la ville, ai remonté des rues d'une roideur invraisemblable, puis me suis engagé dans la campagne par un mauvais chemin grimpant vers les montagnes en hémicycle qui ferment la vallée vers le sud. Hérissé de rocailles, tracé en ligne droite sans souci des pentes, bordé de gros murs de pierres volcaniques, ce chemin est bien le type des chemins canariens.

Ces murs, qui bordent les sentiers et les champs, font ressembler la campagne de Ténériffe à un immense échiquier. Comme les terres sont partout fortement inclinées, les champs sont disposés horizontalement en gradins s'appuyant sur des murs de soutenement. Que de murs! que de pierres! Pourquoi ces tours, ces pyramides, ces châteaux forts, pourquoi ces masses cyclopéennes aux formes géométriques, que l'on rencontre de distance en distance, et qui donnent à la contrée un aspect si fantastique? Murs, tours, pyramides, forteresses, toute cette architecture est le résultat des travaux préparatoires à la mise en culture d'un sol volcanique où la roche abonde et où la terre végétale est un trésor. Ce sol est composé de basalte, de silice, de scories et d'argile; il contient assez de pierres pour bâtir cent mille cités grandes comme Paris. La culture n'est possible dans un semblable terrain qu'après extraction de la roche; et voilà pourquoi les champs sont enclos de murailles dont l'épaisseur peut défier l'artillerie moderne. Lorsque, après achèvement des murailles, il reste encore des roches, on en fait un monceau, un *mollero,* dans un coin du champ. A tous ces préparatifs viennent se joindre les travaux d'irrigation. Que de peine, que de patience, avant que le pauvre cultivateur canarien puisse ensemencer sa terre!

Pendant que ma vaillante monture lutte contre les difficultés du chemin, un vrai casse-cou, que peuvent seuls affronter les chevaux canariens, je regarde les belles cultures de maïs qui s'épanouissent derrière des murs de deux mètres de hauteur.

La culture de la cochenille s'arrête à la Villa; au delà commencent les céréales. Des paysans se rendent à la ville en chantant de vieilles *canciones* espagnoles. Je n'ai rien vu de plus misérable que les demeures de ces paysans : des huttes basses en pierres sèches, couvertes d'un mauvais toit en chaume, véritables terriers d'un aspect aussi primitif que les wigwams des Indiens. Je ne me lasse pas d'admirer le Pic, dont le cône grisâtre se détache nettement sur le ciel bleu; il semble vraiment très-élevé, et l'ascension du colosse donne à réfléchir.

Après une montée de deux heures, le paysage change à vue d'œil; on entre dans une vallée supérieure, où croissent une infinité de cyprès, de châtaigniers, de noyers, de cerisiers et autres essences particulières aux climats tempérés. Cette gracieuse oasis, située à plus de deux mille pieds au-dessus du niveau de la mer, occupe le fond d'un vaste hémicycle que dominent les rochers de *los Organos*, et qui rivalise en magnificence et en sauvagerie avec les célèbres *cirques* des Pyrénées. Les parois de l'enceinte sont formées de grandes masses basaltiques sillonnées dans un sens vertical de crevasses profondes qui leur donnent l'apparence d'orgues formidables; elles doivent à leur teinte noire un aspect menaçant, sinistre. J'ai vu peu de sites d'un caractère si saisissant; il y a, entre la verdure prononcée qui emplit le fond de l'enceinte et les stériles parois qui la dominent, un contraste que peuvent seuls offrir les paysages des contrées volcaniques; à part la végétation et la couleur du ciel, on pourrait se croire en Islande.

Ce site, qui a nom *Agua-Mansa*, doit à son altitude élevée un climat moins chaud que celui de la vallée d'Orotava; il se trouve à un millier de mètres au-dessus du niveau de la mer, précisément à la limite de la zone des nuages; et c'est grâce à la fréquente humidité de l'atmosphère que la végétation y est si vigoureuse. On ne saurait choisir un meilleur endroit pour établir une annexe du Jardin d'acclimatation, où l'on cultiverait les plantes des pays froids, de telle sorte qu'il serait possible de réunir à Ténériffe les plantes de toutes les régions du globe. Mais ce n'est pas avec le maigre budget alloué par l'Espagne que l'on pourrait réaliser cette idée.

Agua-Mansa (eau douce) doit son nom à une caverne voisine d'où jaillit une source abondante qui alimente par des aqueducs tous les réservoirs d'irrigation de la vallée d'Orotava. Dans un pays où il ne pleut presque jamais et où les rares torrents s'écoulent du haut des montagnes avec une très-grande rapidité, la moindre source a un prix inestimable. Sans l'Agua-Mansa, la vallée d'Orotava périrait de faim et de soif. Grâce aux travaux de canalisation entrepris par des sociétés, les eaux de cette source sont distribuées dans toutes les parties de la vallée, et les terres qu'elles arrosent donnent trois récoltes par an!

La source jaillit du sein d'une caverne profonde qui s'ouvre dans le cœur même des rochers de los Organos. Je voulus l'explorer avec des guides du pays munis de torches. Mais il y régnait une telle fraîcheur, que je revins aussitôt sur mes pas, car j'étais tout en nage par suite de la chaleur torride qui régnait en ce moment. Les hommes continuèrent à s'y enfoncer, bien que la sueur découlât à grosses gouttes de leurs barbes, et comme ils tardaient à revenir, j'attachai mon cheval à un arbre et entrepris d'escalader les rochers de los Organos. Je grimpai quelque temps par un sentier de chèvres, à travers les fougères. La chaleur était si accablante, que je dus m'arrêter bientôt dans un ravin où régnait le silence le plus absolu.

Quel plaisir de découvrir un de ces sites ignorés où la nature se dévoile dans toute sa beauté virginale! Et comme on sent, dans ces imposantes solitudes, se réveiller au fond du cœur cet attrait pour la vie sauvage et libre, que ne peut étouffer la civilisation! Je restai au fond de ce vert entonnoir je ne sais combien de temps, enivré des senteurs d'une végétation exubérante, et absorbé dans les pensées que peut éveiller un pareil site. Il me semblait que j'étais à mille lieues du monde habité. Personne au monde, pas même les guides que je venais de quitter, n'eussent pu découvrir ma retraite mystérieuse. Parfois je croyais entendre une voix lointaine; mais, en prêtant l'oreille, je reconnaissais le bourdonnement de quelque insecte.

Je quittai à regret ce site délicieux et atteignis un piton du haut duquel se déroulait un merveilleux tableau. A mes pieds s'étendait l'oasis de l'Agua-Mansa avec sa pléiade d'arbres au feuillage luxuriant; à gauche, le Pic fascinateur semblait n'être qu'à une portée de fusil; au delà de l'enceinte de l'Agua-Mansa, la fertile vallée de l'Orotava s'ouvrait dans un immense abaissement; puis venait la vaste bande bleuâtre de l'Atlantique qui se perdait au loin dans un océan de brumes d'un blanc laiteux, du sein duquel émergeaient, à une prodigieuse distance, les montagnes volcaniques de l'île Palma. Tout ce panorama était d'une beauté divine.

J'eus quelque peine à retrouver mon chemin au milieu des bois et des rochers, et quand enfin je rejoignis le muletier, il commençait à s'inquiéter de mon absence et se disposait déjà à aller à ma recherche. J'étais en nage et mourant de soif. J'entrai chez un paysan et le priai de me traire du lait de chèvre que je bus à longs traits. On ne pourrait rien imaginer de plus misérable que la demeure de cet indigène : une sorte de terrier couvert de chaume, où l'on entre en courbant l'échine ; je n'y ai vu aucun meuble ; ces pauvres gens couchent sur le sol, comme les sauvages, et leur luxe se borne à quelques grossiers ustensiles en bois qu'ils fabriquent eux-mêmes. J'ai trouvé moins de dénûment sous la tente du Lapon : celui-ci couche du moins sur une peau de renne. Cette hutte n'avait d'autre ouverture que la porte, par laquelle s'échappait la fumée du foyer. Le grand-père de mon hôte, un nonagénaire, était blotti dans un coin. Grâce à leur sobriété, les Canariens atteignent généralement un âge très-avancé. Ces montagnards avaient le teint fortement basané ; c'étaient évidemment des métis chez qui le sang guanche se mêlait au sang espagnol.

Je viens de faire allusion à la sobriété des Canariens. Le paysan de Ténériffe ne mange presque jamais de viande : il se nourrit de laitage, de légumes, de fruits, spécialement du fruit du nopal ou figue d'Inde. La base de son alimentation est le *gofio*, que les anciens Guanches mangeaient à défaut de pain, et qui est resté le plat national des insulaires actuels. J'en ai goûté chez mon paysan de l'Agua-Mansa : c'est de la farine de froment mélangée d'un peu de sel et délayée dans de l'eau. Cette farine se fabrique au moyen d'une meule à bras très-primitive, exactement semblable à celle dont se servaient les Guanches. Le *gofio* est pour les Canariens ce que le riz est pour les Japonais. Avec quelques poignées de *gofio*, un Canarien fera, sans s'arrêter, une traite de quinze ou vingt lieues à travers les montagnes, par les plus grandes chaleurs. Le paysan pauvre chemine toujours à pied, plongeant de temps en temps la main dans son sac de *gofio* et ne se reposant pas même pour manger. Les Canariens sont plus infatigables que les Espagnols, qui passent pour les meilleurs marcheurs de l'Europe.

CHAPITRE IX

LES JARDINS DES HESPÉRIDES.

Incident fâcheux. — Une page de l'histoire de Ténériffe. — Les jardins d'Orotava. — Fougère arborescente. — Le palmier de la conquête. — Un arbre de dix mille ans.

Depuis deux jours je fais ici la plus sotte figure : est-il rien qui puisse mettre en défaut la philosophie humaine comme de tomber malade dans un voyage de plaisir! Pour être aux îles Fortunées, on n'en est pas moins loin des siens, privé de tout ce que l'imagination peut entrevoir dans les mortels ennuis d'une moustiquaire.

Pour tuer le temps, j'ai lu les journaux du pays. Ils célèbrent avec toute l'emphase à laquelle se prête la langue espagnole, l'anniversaire du 25 juillet 1797, à l'occasion duquel des fêtes antiques et solennelles ont attiré à Sainte-Croix presque toute la population de l'île.

Chaque peuple compte dans son histoire quelque jour mémorable. Le 25 juillet 1797 est la plus belle page de l'histoire de Ténériffe. Une escadre anglaise commandée par Nelson se présentait le 22 juillet dans le port de Sainte-Croix. Elle comprenait 9 bâtiments armés de 393 canons et montés par 2,000 hommes. Nelson intima au général Gutierrez, gouverneur militaire, l'ordre de livrer immédiatement la frégate *Principe de Asturias* avec tout son chargement, et de mettre les forts à la disposition des forces britanniques; la garnison devait déposer les armes : toutefois, il était permis aux officiers de conserver leur épée. En cas de refus, la ville serait bombardée. L'ordre se terminait par ces paroles hautaines : « J'attends dans le délai d'une demi-heure l'acceptation ou le refus. »

Cette proposition fut repoussée avec énergie et fierté. La vaillante petite garnison de Sainte-Croix se conduisit si honorablement, que les Anglais furent contraints de demander la capitulation. L'un des bâtiments de l'escadre avait coulé à pic avec tout son équipage, et Nelson avait perdu le bras droit.

Jacques Arago, qui visita Sainte-Croix lors de son voyage autour du monde, se demandait, à la vue des lieux, comment il était possible que le fameux amiral eût laissé ici un bras, toutes ses embarcations, ses drapeaux et ses meilleurs soldats, sans pouvoir s'emparer de Sainte-Croix! Qu'un amiral français y soit envoyé, disait-il, il n'y laissera ni ses vaisseaux, ni ses soldats, ni ses drapeaux, et il aura l'île.

⁂

Dieu merci, j'ai pu enfin quitter la moustiquaire. J'ai recouvré la santé en parcourant les principaux jardins d'Orotava. Les merveilleux jardins! Une débauche de végétation, une variété infinie d'essences inconnues dans nos climats, des fleurs qui ne s'épanouissent jamais dans nos serres, des fruits qui ne mûrissent qu'au soleil des tropiques. On est très-étonné de trouver les arbres fruitiers du nord de l'Europe à côté des dattiers, des grenadiers, des orangers. Quand on a vu ces jardins du pays des Hespérides, on ne peut plus que prendre en pitié nos ridicules parcs anglais.

Dans la propriété de M. de Monteverde, j'ai vu, en plein air, des fougères arborescentes (*alsophila Australis*) de trois mètres de hauteur. Cet arbre, qui imite si bien le port gracieux du palmier, ne croît que dans les contrées les plus chaudes du globe. Chez M. Machado, j'ai admiré un superbe camphrier (*laurus camphora*) : chaque semence qui tombe germe à son tour, et l'arbre est entouré d'une multitude de rejetons qui se développent avec une rapidité surprenante. Chez le marquis de Sausal, j'ai vu le roi des palmiers de Ténériffe : il s'élève, svelte et léger, du milieu d'un massif de myrtes, et dresse son élégant chapiteau de verdure à plus de quarante mètres de hauteur. On l'appelle *palma de la conquista*, parce que son existence remonte à l'époque de la conquête.

Mais qu'est-ce qu'un palmier de cinq siècles de vieillesse à côté de ce fameux dragonnier dont j'ai vu les restes dans ce même jardin du marquis de Sausal! Voici l'arbre le plus vénérable du monde : déjà les auteurs anciens en signalaient l'antiquité, et Alexandre de Humboldt lui assigna dix mille années d'existence. M. Berthelot, ce savant presque nonagénaire, est un des rares survivants qui aient contemplé le géant des végétaux dans toute sa splendeur. Il le vit pour la première fois en 1820. Son tronc mesurait environ cinquante pieds de circonférence à la base, et dix hommes pouvaient à peine l'embrasser. Ce cippe prodigieux offrait à l'intérieur une cavité profonde que les siècles avaient creusée; une porte rustique donnait entrée dans cette grotte, dont la voûte soutenait encore un énorme branchage. De longues feuilles, aiguës comme des épées, couronnaient l'extrémité des rameaux, et de blanches panicules, qui s'épanouissaient en automne, jetaient un manteau de fleurs sur ce dôme de verdure.

Un jour, l'ouragan ébranla la forêt aérienne... On entendit un épouvantable craquement, puis tout à coup le tiers de la masse rameuse s'abattit avec fracas et fit retentir la vallée. Tous les arbustes environnants furent ensevelis sous un monceau de ruines. L'arbre mutilé n'avait cependant rien perdu de son imposant aspect; mais bientôt un nouvel ouragan, plus terrible que le premier, mit un terme à la longue vie du vétéran du règne organique. La catastrophe eut lieu il y a une douzaine d'années. Quelques débris de bois pourri, épars au pied des pans de mur qui soutenaient les branches du colosse, voilà tout ce qui reste du dragonnier antique. J'en ai emporté un morceau, comme le font sans doute tous les visiteurs, et ainsi s'en vont les derniers vestiges de l'arbre à l'ombre duquel se reposèrent tant de générations.

CHAPITRE X

LA RAMBLA DE CASTRO.

Le ciel de Ténériffe. — Route de la Rambla. — La sécheresse. — Culture de la cochenille. — Le manhattan. — Demeures souterraines. — Les montañetas. — Le domaine de la Rambla. — Les Realejos. — Le mencey Benchomo. — Un dragonnier. — Une auberge de village. — Retour en patache.

On croit généralement que dans le voisinage des tropiques le ciel est toujours bleu et limpide. C'est une grande erreur. Dans ces parages, le soleil opère un incessant travail d'absorption des eaux de la mer : les vapeurs condensées forment des brumes plus ou moins épaisses, qui flottent au-dessus de l'Océan et viennent s'amonceler autour du Pic sous forme de nuages. Je n'ai pas encore vu le ciel entièrement dégagé de vapeurs. On me dit, il est vrai, qu'au mois de septembre le ciel est plus serein, et que c'est alors l'époque favorable pour monter au Pic. J'ai eu tort de venir ici en juillet. J'ai remarqué depuis huit jours que la montagne est généralement à découvert le matin; mais vers huit ou neuf heures, la brume monte de la mer, et le Teyde se coiffe de son chapeau de nuages. Je n'attends qu'une éclaircie définitive pour entreprendre l'ascension du volcan.

En attendant mon éclaircie, je me propose chaque jour un nouveau but d'excursion. Hier j'ai fait une promenade à la *Rambla de Castro*, en compagnie d'un Cubain de passage à Ténériffe. La Rambla est, comme la Paz, un domaine situé sur le bord de la mer, à six ou sept kilomètres d'Orotava, précisément au point où s'arrêtent actuellement les travaux de la route qui doit se poursuivre jusqu'à Garachico. Au lieu de suivre la *carretera*, nous avons pris l'ancien chemin, plus court, mais plus mauvais. Il est bordé d'agaves dont les énormes coutelas dépassent la tête d'un cavalier.

Règle générale, tous les chemins à Ténériffe sont couverts d'une épaisse couche de poussière impalpable. Que l'on chemine à pied ou à cheval, un nuage poudreux chemine avec vous. Cette poussière universelle, qui recouvre les moissons des champs et les feuilles des arbres, est due à la sécheresse extrême du climat. A Ténériffe il ne pleut jamais en été. Je n'ai pas encore eu la bonne fortune de voir couler une rivière dans ce pays, qui participe du régime climatérique du Sahara. Si parfois on rencontre le lit d'un torrent, on n'y aperçoit pas une goutte d'eau. Les eaux des montagnes sont soigneusement recueillies dès leur origine dans des canaux d'irrigation. A cette époque de l'année, la plupart de ces canaux sont à sec.

Notre chemin court au milieu des nopaleries à

cochenille. Paysans et paysannes se livrent à une bien singulière besogne : ils recouvrent une à une les feuilles des nopals de bandes de toile blanche qu'ils fixent soit avec les piquants que fournit la plante elle-même, soit avec de la ficelle. Ce travail, qui exige toute la patience du cultivateur canarien, a pour but d'emprisonner les insectes qui sont sur le point d'éclore, et de les attacher définitivement à la plante sur laquelle ils sont destinés à vivre en parasites. Quand toutes les feuilles ont ainsi reçu leur chemise blanche, l'aspect des nopaleries est très-étrange : à les voir de loin, il semble qu'elles soient couvertes d'un manteau de neige fraîchement tombée.

La culture de la cochenille est une de celles qui demandent le plus de soins : même lorsqu'on l'entoure de toutes les précautions les plus minutieuses, on est encore exposé à une foule de mécomptes. La cochenille ne supporte ni le froid ni la chaleur excessive. Le vent du sud tue l'insecte : c'est le terrible simoun des Arabes, que les Canariens appellent *manhattan,* ou *el sur.* Ce vent règne en été par périodes de trois jours, quelquefois six, plus rarement neuf ; lorsqu'il souffle d'une façon prolongée, toutes les nopaleries exposées au midi subissent des pertes incalculables. Le manhattan est, avec les sauterelles, le fléau des Canaries. Un propriétaire de Sainte-

Croix me disait qu'il a perdu récemment plusieurs milliers de duros par un jour de manhattan.

Le pays que nous traversons est fréquemment coupé de *barrancos*, ravins du plus sauvage aspect. Les parois de ces barrancos sont littéralement criblées de cavernes creusées par les paysans. Ces malheureux vivent ainsi dans les entrailles de la terre, comme les *gitanos* de Grenade. Les Guanches vivaient de la même façon, et c'est un fait digne de remarque que les Canariens actuels ont adopté, en bien des points, les mœurs des anciens Guanches. J'ai déjà dit que le plat national, le *gofio*, a passé des indigènes aux nouveaux habitants.

A chaque barranco nous rencontrons de nouvelles cavernes. Mon compagnon de route m'assure que les pauvres esclaves nègres de la Havane sont mieux logés que ces Troglodytes. Cependant tous ne vivent pas dans ces demeures souterraines. En maints endroits le sol volcanique est d'une telle dureté, d'une structure si compacte, que les gens du pays le taillent en blocs pour édifier de misérables cabanes. Ils font ainsi des murs épais, solides, sans ciment, et les recouvrent d'une toiture en chaume.

Nous avons laissé derrière nous, l'une après l'autre, les trois *montañetas* qui surgissent comme des taupinières dans la région inférieure de la vallée d'Orotava. J'avais déjà remarqué de loin ces singuliers cônes d'éruption qui, d'après la tradition guanche, ne remontent pas au delà du treizième siècle. Ces amas de substances calcinées, de scories et de cendres, sont noirs comme du charbon : ce sont des volcans en miniature; leurs pentes sont frappées de stérilité. Par une singulière anomalie, ces matières volcaniques rebelles à toute végétation rendent très-productifs les champs sur lesquels on les déverse en guise d'engrais.

Au pied d'une de ces montañetas nous avons traversé une très-large rivière jonchée de myriades de galets basaltiques; mais, comme toutes les rivières du pays, elle était desséchée à ce point qu'on y aurait vainement cherché une flaque d'eau. Ces prétendues rivières ne sont généralement que des torrents éphémères survenus à la suite de ces terribles inondations fréquentes sous les tropiques.

Après avoir contourné un barranco des plus romantiques, où les cultures de maïs s'étagent en gradins, nous voyons s'ouvrir au bout du ravin une splendide échappée sur la mer qui déroule à nos pieds ses perspectives infinies, et en même temps nous apparaît au fond d'un frais vallon le domaine de la Rambla. Nous y descendons par un sentier rocailleux, où d'énormes lézards se chauffent au soleil, et à la porte du domaine, surmontée du millésime 1809, nous trouvons une fillette toute nue qui s'enfuit à notre approche. La porte est ouverte, les maîtres sont absents; entrons.

La *Rambla*, propriété du marquis Béthencourt de Castro [1], doit son nom à ses remblais, à ses terrasses : c'est un jardin des tropiques, suspendu aux flancs des rochers qui dominent la mer. Rien de plus hardi que ces gradins étagés les uns sur les autres et s'appuyant sur des murs de soutènement construits à grands frais. Les chemins sont tracés horizontalement au milieu d'une puissante végétation. Les eaux, claires comme le diamant en fusion, tombent en cascatelles. Il y a des sentiers qui courent sous un dôme de verdure; des rochers couverts de mousse; des ruisseaux traversés de ponts rustiques; des grottes qui réveillent les souvenirs classiques de l'île de Calypso; des ravins pleins de fraîcheur, où s'épanouissent d'énormes ignames au milieu des eaux; il y a surtout une avenue bordée d'une double colonnade de palmiers-dattiers, qui m'a fait songer à la célèbre allée de palmiers de Rio de Janeiro. Il y a aussi le *Castillo*, forteresse en miniature, armée

---

[1] Le conquérant des Canaries, Jean de Béthencourt, ne fut jamais marié; mais son neveu laissa une nombreuse lignée. Le nom de Béthencourt est très-répandu aux Canaries.

de vieux canons rouillés, et surplombant les noirs rochers basaltiques que battent les vagues écumantes de l'Océan. Sur les murs du Castillo j'ai lu ces vers :

> En medio de estos jardines
> Y paseos y cascadas
> Pasa la vida veloz [1].

De la *Rambla* nous sommes allés aux *Realejos*. Les Realejos sont deux villages situés sur les hauteurs et séparés par un profond barranco. Le mot *realejo*, en espagnol, signifie campement. C'est ici qu'eut lieu, en 1496 [2], le dernier épisode de la conquête de Ténériffe. Les Guanches, commandés par le mencey *Benchomo*, roi de *Taoro*, occupaient les hauteurs du *Realejo de Abajo* (campement inférieur). Les Espagnols, sous la conduite de don Alonzo de Lugo, étaient campés au *Realejo de Arriba* (campement supérieur). Les Guanches, décimés par les combats, avaient perdu leurs meilleurs soldats; ils durent implorer la générosité du vainqueur. Le vieux Benchomo promit d'abjurer, et Lugo lui accorda le maintien de son rang. Mais le traité fut indignement violé par le vainqueur. Le prince guanche fut conduit malgré

---

[1] Au milieu de ces jardins, de ces avenues, de ces cascades, la vie passe rapidement.

[2] Ténériffe ne se soumit que quatre-vingts ans après la conquête des autres îles.

lui en Europe : on le promena dans toutes les villes d'Espagne et d'Italie comme un objet de curiosité; il ne put supporter tant d'humiliation, et mourut misérablement à Venise.

Nous avons visité la petite chapelle érigée au lieu même où campait Lugo : c'est là que le malheureux Benchomo reçut le baptême.

A quelques pas de la chapelle se dresse un magnifique dragonnier, à l'ombre duquel les Guanches se sont assis, car l'histoire de la conquête en fait mention. A l'aide de mon couteau, j'ai pratiqué une incision dans l'écorce, et ai fait couler une séve rouge qui ressemble à s'y méprendre au sang d'un animal. Sous l'écorce j'ai trouvé une substance molle, blanchâtre, analogue à l'asperge. Le dragonnier n'est pas un arbre, puisqu'il n'a pas de ligneux. L'aspect en est étrange : on dirait d'un énorme candélabre supportant une forêt de yuccas. C'est certainement l'un des végétaux les plus bizarres de la création [1].

Au village de Realejo de Abajo nous avons trouvé une *fonda y posada* où les chiens, les chats, les enfants grouillaient pêle-mêle dans la saleté la plus pittoresque. Ces enfants n'avaient pour tout

---

[1] Les botanistes classent le dragonnier dans la famille des asperges. En étudiant son fruit à la loupe, Nicolas Monard a cru voir sous l'enveloppe l'image du dragon de la Fable, gardien des pommes d'or du jardin des Hespérides.

vêtement qu'une chemise n'ayant jamais vu l'eau.
Une vieille commère faisait la chasse aux parasites
qui peuplaient les chevelures des filles, et elle y
mettait toute la dignité que comportait cette déli-
cate opération. Tout ce monde s'éventait, aussi
bien les hommes que les femmes et les enfants : il
régnait d'ailleurs une chaleur atroce. Chacun sou-
pirait à tour de rôle : « *Ave Maria, que calor!* »

La marche nous avait affamés, et mon Cubain
employa toute l'éloquence castillane à faire comprendre à ces braves gens que nous n'avions absolument rien mangé depuis sept heures du matin.
En attendant le déjeuner, nous avons passé une
heure entière à livrer un furieux combat à une
formidable armée d'assaillants dont le nombre
grossissait à mesure que la vieille commère fouil-
lait les têtes des filles.

Je réveille de tristes souvenirs en parlant de
l'horrible *tortilla* à la graisse et de la semelle de
botte qui nous fut servie sous le nom de *vaca*, le
tout arrosé de je ne sais quel atroce breuvage qu'on
nous donna pour du vin de Ténériffe. Par bonheur, l'eau était potable. Et puis, il restait encore
dans la maison une bouteille de véritable *India
pale-ale*, que nous bûmes au dessert avec quelques biscuits : deux articles anglais qu'on trouve
dans tous les coins du monde.

Une patache indescriptible nous a ramenés à

Orotava. Il n'y avait pas quatre places dans l'intérieur : en nous faisant aussi élastiques que possible, nous avons pu nous y caser à six ; deux autres voyageurs se sont perchés sur la plate-forme, qui pliait affreusement sous le fardeau ; un Espagnol assis à ma gauche pâlissait à chaque bond de la patache, tant il était dominé par la crainte de voir les voyageurs du toit tomber sur le nez de ses filles. Heureusement le trajet s'est effectué sans le moindre incident fâcheux.

CHAPITRE XI

ICOD DE LOS VINOS.

D'Orotava à Icod. — Tableau matinal. — Le long de la mer. — San Juan de la Rambla. — Désert de lave. — Aspect d'Icod. — Un trait de mœurs. — La caverne d'Icod. — Une mégère. — Sous la lave. — Une sépulture guanche. — Au bord d'un gouffre. — Étranges émotions. — La vallée d'Icod.

Une chevauchée de six heures à travers des régions d'une magnifique sauvagerie m'a conduit à *Icod de los Vinos*. Cette localité, qui doit son nom à l'excellent vin qu'on y récoltait autrefois, est située dans le nord-ouest de l'île, et occupe le centre d'une vallée fertile séparée de la vallée d'Orotava par la montagne de Tigayga, qui n'est qu'un gigantesque contre-fort du Teyde.

Pour aller d'Orotava à Icod, on peut suivre deux routes qui ne sont que de mauvais sentiers : l'une contourne le Tigayga et suit les bords de la mer ; l'autre, plus abrupte, gravit la crête du contre-fort, et n'offre qu'une longue succession de montées et de descentes à travers les escarpements des barrancos. Je suis venu par la première route et retournerai par la seconde.

A six heures du matin, j'enfourchais un cheval nommé *Amarillo* à cause de sa robe isabelle. J'étais accompagné d'un *arriero*. Je n'ai rien vu de plus attrayant, de plus harmonieux que la vallée d'Orotava par une belle matinée des tropiques. La montagne du Teyde, éternel point de mire du tableau, s'irradiait au soleil levant et dressait sa cime étincelante au-dessus d'un léger voile de vapeurs floconneuses dont elle se couvrait pudiquement. Quel pinceau pourrait rendre les nuances veloutées de ces brumes matinales, qui flottaient indécises autour des cimes fraîches et azurées? Je ne me rappelle pas avoir assisté à un réveil de la nature empreint de tant de grâce, de tant de poésie.

Pendant la première heure, j'ai refait cette belle route de la Rambla que j'avais déjà parcourue l'autre jour. J'ai revu les sauvages *barrancos*, et les cavernes des Troglodytes, et les blancs villages des *Realejos*, qui de loin rappellent si bien les villages arabes.

Au delà de la Rambla, on entre dans une région plus sauvage. Le chemin, qui n'est plus qu'un étroit sentier de mulets, longe les bords de la mer et rappelle la célèbre route de la Corniche. De hautes murailles basaltiques surplombent au-dessus de nos têtes : sur leurs noires parois végètent tristement quelques plantes grasses, des euphorbes et des cactus nains en forme d'étoiles.

A nos pieds la mer se brise en volutes sur une plage de galets; les flots, d'un bleu d'azur, sont d'une telle transparence, que l'on peut voir s'y jouer les poissons jusqu'à une certaine distance du rivage.

Nous laissons derrière nous l'importante bourgade de *San Juan de la Rambla,* puis nous abordons une contrée de l'aspect le plus fantastique, jonchée de myriades de roches volcaniques, laves, basaltes, pierres ponces, silices. C'est le désert plutonien dans toute sa désolation, un chaos pétrifié, où l'on ne voit aucun vestige de vie, pas une maison, pas un arbre, pas un pouce de verdure. Pendant deux heures entières nous cheminons dans cette région maudite, où Dante eût trouvé des inspirations sublimes. On éprouve une indicible satisfaction quand, au terme de cette pénible chevauchée, on découvre, du haut d'une hauteur couronnée par un moulin à vent, la ravissante vallée d'Icod.

Icod est un village d'un haut goût canarien. Les toitures ornées de gargouilles en bois sont très-originales: ces gargouilles représentent des dragons grotesques ouvrant des mâchoires formidables. On met un long quart d'heure à traverser le village, et l'on débouche sur une place ornée d'une fontaine d'un style aussi primitif que les gargouilles. C'est là que se trouve l'auberge, d'un aspect encore plus primitif que tout le reste. Je suis très-certainement le premier étranger de passage qui vienne y échouer depuis nombre d'années, car Icod n'est pas sur le chemin des touristes.

Je descends de cheval à midi, affamé comme on peut l'être quand on n'a pris qu'une tasse de chocolat à six heures du matin. L'hôte me fait passer par une grande chambre crépie à la chaux, donnant accès à l'unique chambre à coucher : celle-ci est éclairée par une fenêtre dont la plupart des carreaux de vitre sont absents. Comme rien n'était moins prévu que mon arrivée, il faut mettre le village sens dessus dessous pour me procurer à manger.

Et ici, je dois mentionner un trait de mœurs qui m'a touché. Le brave homme qui va s'occuper du déjeuner me fait passer dans une pièce voisine, où je trouve une jeune fille assise dans l'encoignure de la fenêtre et penchée sur un ouvrage de broderie. « *Es mi hija* : c'est ma fille », me dit mon hôte ; puis il se retire, me laissant en admiration devant le plus parfait modèle que puisse jamais rencontrer un peintre qui voudrait représenter une Marguerite espagnole. Elle avait la tête enveloppée d'un mouchoir rouge qui faisait ressortir un teint de créole. Son visage, empreint de toute la candeur de la première jeunesse, s'illuminait d'une adorable expression de douceur lorsqu'elle prenait la parole. Elle parlait avec une pureté toute castillane. Qui se serait attendu à trouver dans cette pauvre posada d'Icod la plus suave expression de la beauté espagnole? Et n'est-ce pas charmant, dans sa simplicité patriarcale, cette façon d'honorer l'étranger par un tête-à-tête en attendant l'heure du repas?

L'hôte s'était mis en frais. Il m'apporta le *puchero*, la *tortilla* et l'*arroz a la valenciana*. Il me servait lui-même, aidé de sa femme et de sa fille, et ces braves gens m'observaient avec le plus grand intérêt, ne perdant pas un seul de mes mouvements, étudiant le travail de ma fourchette et de mes mâchoires, comme s'ils n'avaient jamais vu manger un Européen.

J'achevais l'*almuerzo,* quand un indigène est venu me proposer de me conduire à la *cueva*, grande caverne qui constitue la principale curiosité de la vallée d'Icod. Elle est située à un quart d'heure de marche du village, dans le cœur d'une de ces énormes coulées de lave moderne qui débordèrent d'un cratère du Teyde et firent irruption dans la vallée.

Les nombreux torrents de lave qui sillonnent la partie septentrionale de l'île Ténériffe sont criblés de semblables cavernes, formées, selon toute apparence, par la rétraction survenue avec le refroidissement des coulées volcaniques. Beaucoup de ces cavernes ont été connues des anciens Guanches, qui en faisaient des lieux de sépulture. Comme l'observe M. Berthelot, le grand nombre de squelettes que l'on retrouve dans ces grottes sépulcrales démontre que la méthode des embaumements n'était pas générale parmi le peuple guanche, ou du moins que vers l'époque de la conquête de l'île cet usage n'était plus en pratique.

Les gens du pays prétendent que la caverne d'Icod a plusieurs lieues d'étendue. Suivant leur croyance, elle part des bords de la mer, passe sous la ville d'Icod, remonte la vallée, et s'étend jusque dans le voisinage du cratère qui a vomi les laves dans le sein desquelles elle s'est formée. On n'a pu encore en explorer les galeries les plus reculées, parce que l'air respirable y fait défaut : ceux qui l'ont tenté ont péri par asphyxie. Voilà ce que j'ai entendu raconter sur cette grotte mystérieuse.

Pour arriver à l'entrée de la *cueva,* il nous faut passer par une propriété privée dont le guide a la clef. Nous y entrons, suivis de tous les enfants du village; mais tout à coup surgit devant nous, terrible et menaçante, une affreuse vieille de quatre-vingts printemps, l'une des trois sorcières de Macbeth en personne, qui se met à poursuivre la marmaille à coups de bâton. Après cette expulsion sommaire, elle décharge sa fureur sur mon guide et lui fait entendre que les *muchachos* ne peuvent accompagner le *caballero* qui vient visiter la *cueva*. J'ai apaisé cette mégère au moyen d'une piécette.

Je n'eusse jamais trouvé tout seul l'entrée de la caverne, étroite ouverture dissimulée par une luxuriante végétation de cactus arborescents. Il faut s'y glisser à plat ventre. Le guide avait eu soin d'apporter des torches de *tea* (*pinus Canariensis*). Ce bois résineux donne une flamme très-éclairante, et les Guanches n'employaient pas d'autres flambeaux.

J'ai visité beaucoup de cavernes dans l'ancien et le nouveau monde, mais c'était bien la première fois que je m'enfonçais dans les sombres galeries souterraines d'un torrent de laves. Il y règne des ténèbres épaisses et une atmosphère à peine respirable. La lave, suspendue à la voûte en bizarres stalactites, présente des incrustations de carbonate de chaux; les stalactites distillent des gouttes d'eau qui suintent à travers la voûte et forment sur le sol de larges flaques d'eau qui nous glacent les pieds. On marche sur un sol de lave noire, rugueuse, sillonnée de crevasses et de boursouflures. J'ai été frappé de l'extrême régularité de la voûte : on la croirait construite par les hommes; elle est généralement si basse, qu'il faut courber le dos pour ne pas se briser la tête contre les stalactites. La galerie où nous nous sommes engagés descend vers la mer avec la coulée de lave dans l'intérieur de laquelle elle s'est frayé passage : elle offre une pente extrêmement rapide, et il faut s'y avancer avec précaution pour ne pas tomber dans les abîmes.

Au bout d'un quart d'heure de marche, nous voyons la galerie s'élargir. Une atmosphère fétide et fade nous affecte l'odorat. Mon guide me fait remarquer, dans les crevasses des parois, des ossements presque réduits en poudre. Cette poussière humaine contraste par sa blancheur avec la noire roche volcanique. Nous sommes dans le lieu même où les anciens Guanches ensevelissaient leurs morts. Je n'ai pu me défendre d'une certaine émotion lorsque j'ai touché du doigt ce sombre sanctuaire où les hommes d'une race éteinte accomplissaient, il y a plusieurs siècles, leurs funèbres cérémonies; je voyais en imagination les mânes de ces héros inconnus dont l'histoire de la conquête nous a raconté la résistance désespérée. J'ai recueilli avec respect quelques-uns de ces ossements que j'enverrai en Europe avec quelques stalactites de lave.

En poursuivant cette intéressante excursion souterraine, je distingue bientôt un point lumineux : c'est de ce côté que la caverne débouche sur la mer, s'ouvrant jour à travers la falaise de la cale de San-Marco. Pour atteindre cette ouverture, nous en sommes réduits à ramper sur les mains, car la voûte n'a guère à cet endroit que deux pieds d'élévation. Ce n'est qu'au prix de pénibles efforts que l'on gagne le rebord de la falaise, mais on se trouve suffisamment dédommagé de ses peines par la vue grandiose d'un effroyable abîme du fond duquel s'élève la puissante voix de l'Atlantique. Pour mieux jouir de cette scène d'une saisissante beauté, je me suis couché à plat ventre sur le bord du gouffre; je pouvais voir ainsi les flots de l'Océan se briser sous mes pieds contre la noire falaise de lave au sein de laquelle j'étais emprisonné. Cette falaise est si escarpée, qu'il serait absolument impossible de pénétrer par ici dans la caverne; mais je crois, comme M. Berthelot, qu'anciennement elle était accessible, avant que des éboulements se fussent produits; c'est ce que semblent prouver les ossements humains accumulés en cet endroit.

Ne pouvant sortir de la caverne de ce côté, il fallut rebrousser chemin. Lorsque mon guide restait derrière moi avec sa torche vacillante, je voyais se promener sur les voûtes un fantôme qui rappelait l'ombre d'Hamlet; mon casque complétait l'illusion. Je gravissais, haletant, la roide pente de lave, portant mes ossements de Guanches. Il me semblait que cette promenade fantastique se prolongeait outre mesure, et comme j'en faisais l'observation à mon guide, il m'avoua qu'il s'était engagé à dessein dans une galerie sans issue, pour me montrer combien il est facile de se perdre dans cet immense labyrinthe. Il me mena jusqu'au bout de la galerie, qui n'avait aucun aboutissant, et je remarquai alors que la torche qu'il tenait en main était la dernière. Toutes les autres étaient consumées, et celle-ci tirait à sa fin. Il fallait revenir sur nos pas pour aller retrouver la galerie de sortie. Je dois avouer que je goûtai fort peu cette plaisanterie ; mais le drôle, s'amusant de mes terreurs, au lieu de hâter le pas, s'arrêtait comme par plaisir pour me choisir de beaux échantillons de stalactites. J'eusse volontiers donné ses stalactites pour le moindre fagot de *tea*; j'en avais mon soûl, de cette funèbre caverne.

Notre dernier flambeau s'éteignait au moment où nous vîmes poindre la lumière du jour : je poussai instinctivement un soupir de satisfaction à la vue de cette douce clarté.

En sortant de cet antre, j'étais sous l'empire d'une étrange agitation ; le sang bouillonnait dans mes veines par suite d'une longue marche à dos courbé, mes tempes battaient violemment, et j'avais les mains couvertes de sang, écorchées par les stalactites.

Une promenade au grand air, sur les hauteurs qui dominent Icod vers le nord, m'a rendu à mon état normal. Après avoir gravi quelque temps, je me suis assis sur une pointe de rocher, surgissant du sein d'une coulée de lave. Devant moi se déployait la jolie vallée d'Icod, avec toutes ses harmonies et ses grâces champêtres.

Je n'ai rien vu de si séduisant que cette aimable réduction de la vallée d'Orotava, et c'est avec un plaisir indicible que je l'ai contemplée. Qui s'attendrait à trouver, au seuil même du plus affreux désert de lave, cette verdoyante oasis où s'épanouissent au milieu des vignobles, des champs de maïs et de nopals, une infinité de bananiers, d'orangers, de citronniers, de figuiers, de palmiers, de lauriers, et d'autres essences tropicales! Voilà, sans doute, l'une des plus délicieuses retraites qui soient au monde. La nature s'y révèle dans toute sa beauté virginale. Jean-Jacques ou Bernardin de Saint-Pierre s'en fussent épris et y eussent bâti une cabane pour y philosopher loin des hommes. Le site est plein de calme et de silence; on s'y sent plus isolé encore qu'à Orotava; la végétation y est plus luxuriante et les eaux plus abondantes. Les palmiers qui surgissent de tous côtés donnent à cette ravissante vallée d'Icod une parure qui manque à celle d'Orotava. Mais ce qui surtout n'appartient qu'à elle, c'est la vue incomparable du Pic qui se montre ici dans toute sa sublimité; il n'est plus caché en partie par le contre-fort de Tigayga, il apparaît tout entier, de la cime jusqu'à la base, et domine le paysage de sa prodigieuse élévation, comme une pyramide d'Égypte aux proportions centuplées. Il doit être plus grandiose encore en hiver, quand un étincelant manteau de neige couvre ses pentes stériles. A ces divers éléments d'un paysage classique vient s'ajouter la nappe bleue de l'Océan qui miroite à l'horizon. Le Pic jaune et calciné, l'oasis verte et la mer azurée, il y a là un violent contraste de couleurs, et cependant il serait impossible de rêver un tableau plus harmonieux.

Vu des hauteurs, Icod, avec ses maisons blanches comme la neige, affecte exactement la forme d'une croix dont la branche principale occupe le fond de la vallée et dont les bras grimpent sur les deux versants.

La Vega d'Icod, où l'on récoltait autrefois le meilleur vin des îles, doit sa fécondité aux nombreux ruisseaux qui la parcourent en tous sens. Rien n'est plus joli que de les voir tomber en cascatelles de rocher en rocher. Les eaux, claires comme le cristal, sont délicieuses à boire. Grâce à elles, les palmiers atteignent ici un plus grand développement que dans les autres parties de l'île; on sait que cet arbre veut avoir sa tête dans le feu et son pied dans l'eau. Je me suis reposé sous un palmier dont le tronc n'a pas moins de trois mètres de circonférence, et dont le feuillage touffu ne laisse pas passer un rayon de soleil. J'ai admiré aussi un superbe dragonnier, qui passe pour le plus grand des Canaries.

CHAPITRE XII

GARACHICO.

Clair de lune. — Nouveau malheur. — Buena-Vista. — Le Roque. — Les ruines de Garachico. — L'éruption de 1706. — Le docteur S... — Les barrancos. — Icod el Alto. — Une mer de nuages.

Lorsque, de retour dans mes pénates, j'évoquerai le souvenir des îles Fortunés, j'aimerai à me représenter la vallée d'Icod au clair de lune, telle que je l'ai vue hier soir, du haut de l'*azotea* (terrasse de l'auberge). Cette scène avait je ne sais quoi de splendide et de vague, qui disposait à la rêverie. La douceur de l'air, la transparence de l'atmosphère, répandaient sur cette admirable nature un calme ineffable. La lune avait un éclat inconnu dans nos contrées du Nord; elle jetait sur les palmiers des reflets argentés; éclairé par cette blanche lumière, le Pic semblait plus grand, plus noble encore qu'à la clarté du jour. Ses lignes simples et graves empruntaient aux harmonies de cette lumineuse nuit tropicale une infinie majesté.

Je me sentais en possession d'une parfaite quiétude, d'un repos idéal, et je me trouvais si heureux de vivre ! Heureux, qui ne le serait pas ici?

J'eusse voulu transporter à Icod, à l'aide d'une baguette magique, ceux qui me sont chers; mais comme j'étais seul, j'en étais réduit à converser avec moi-même, et je me disais, comme ce voyageur qui foulait le sol de la Grèce : « Tu voulais voir les îles Fortunées, et les voici. Si bien d'autres les ont vues, tant d'autres ne les verront pas qui en avaient le désir! Profite, au moins, et jouis de ces instants d'oubli. »

J'ai dormi dans un méchant lit à chevalet, étouffé sous une moustiquaire. Vers trois heures du matin, un bruit insolite m'a tiré du sommeil : ce bruit était causé par la chute de ma montre que j'avais glissée sous mon oreiller. Je la ramassai fort maltraitée. Ce qu'il y a de pis, c'est qu'il n'y a point d'horloger dans toute la contrée. Je n'en suis pas à mon premier malheur : l'autre jour j'ai brisé coup sur coup mon thermomètre et mon unique paire de lunettes de verre fumé qui me rendait de si précieux services dans ce pays de la lumière et des ophthalmies. Décidément, il faudra faire un voyage à Sainte-Croix pour remonter mon équipement avant de monter au Pic.

Ce matin je me suis levé avec le jour pour visiter les ruines de Garachico, cette malheureuse ville qui a eu le sort d'Herculanum et de Pompéi. Il ne faut pas plus d'une heure de cheval pour s'y rendre d'Icod. Quand on a laissé derrière soi la fertile *vega*, on traverse un désert semé de laves et de basaltes. Le point de mire du paysage est la *montañeta* de Buenavista, cône d'éruption qui surgit à l'ouest, à peu de distance de la mer.

Garachico s'annonce de loin par le *Roque*, rocher immense qui surgit au milieu de la mer, et qui rappelle le rocher de Gibraltar; cet îlot, couronné d'une croix, se trouve placé en face du port, qu'il protége contre les vagues de l'Océan.

En parcourant les rues désertes et silencieuses de Garachico, on pourrait se croire au lendemain de l'éruption qui détruisit en 1706 cette ville autrefois la plus florissante de l'archipel. Au temps de sa splendeur, son port était fréquenté par les navires de toutes les nations; il dut sa fortune au célèbre vin de Malvoisie que l'on récoltait dans cette partie de l'île. Garachico eut des palais somptueux, des quais, des églises, des places publiques, et ses habitants lui donnèrent le nom de *Puerto-Rico*. La lave a tout emporté en quelques heures : palais, môles, port, églises, vignobles, toutes ces richesses se sont perdues dans les torrents de feu vomis par le volcan.

Cette ville, qu'animait autrefois une population active et commerçante, est absolument morte : c'est à peine si elle compte maintenant trois cents âmes vivant au milieu des ruines et n'ayant d'autre industrie que la pêche. De splendides façades,

des demeures princières habitées jadis par des grands d'Espagne, de somptueux couvents témoignent de l'opulence des anciens habitants. Mais tous ces palais sont abandonnés. Les ruines surgissent à chaque pas. Une église a seule échappé à la destruction; c'est un intéressant vestige de la belle époque de l'art espagnol. L'intérieur renferme des œuvres d'art remarquables, un saint François sculpté par un artiste indigène et de belles peintures de l'école espagnole.

Quand on arrive au bout de la ville, on se trouve sur le théâtre même de l'éruption de 1706. Quatre cascades de lave figée tombent des hauteurs voisines et s'étendent jusqu'à la mer. Cette lave, dont j'ai recueilli des spécimens, est noire et d'une structure compacte. On ne peut apercevoir, de Garachico, le cratère d'où débordèrent ces torrents de matières volcaniques.

Viera et d'autres historiens contemporains racontent que l'éruption fut précédée de bruits souterrains et de violents tremblements de terre. Les eaux de la mer se retirèrent. La *Montaña-Negra*, située à deux lieues environ de Garachico, à 1,447 mètres au-dessus du niveau de la mer, vomit les premiers torrents de lave. Un nuage rougeâtre enveloppait la montagne; l'atmosphère était embrasée et chargée d'émanations sulfureuses; des vapeurs s'élevaient du sein des eaux, comme si elles avaient été en ébullition. Bientôt la lave déborda des différents cônes d'éruption situés au nord-ouest de la Montaña-Negra. Le courant se divisa en plusieurs bras, deux selon Viera, cinq d'après Von Buch, sept d'après un manuscrit cité par Berthelot. Pour ma part, j'en ai compté deux qui se subdivisent en deux autres branches et forment ainsi quatre coulées aux environs immédiats du port.

Les torrents de feu portèrent l'incendie par toute la ville. Suivant la relation de Bory de Saint-Vincent, une partie de la ville fut envahie par les vagues de la mer; s'étant retirées d'abord par l'effet du tremblement de terre, elles revinrent à la charge avec une terrible impétuosité. Ce même auteur affirme que beaucoup de fugitifs furent ensevelis dans les crevasses qui s'ouvraient subitement dans le sol pour se refermer aussitôt; d'autres furent asphyxiés par les vapeurs sulfureuses; beaucoup périrent écrasés par les pierres que lançait le cratère. D'après Cordier, le torrent de lave parcourut cinq lieues en seize heures et resta pendant quarante jours incandescent.

Malgré cette terrible leçon infligée à Garachico, malgré l'éternelle menace d'une nouvelle destruction, le gouvernement espagnol fait construire actuellement un nouveau môle qui a déjà coûté dix mille duros (50,000 francs). Plutôt que de gaspiller ainsi de l'argent en pure perte, ne ferait-on pas mieux de terminer le môle de Sainte-Croix, et de construire des routes à travers l'île ? Quelle illusion de croire que les navires retrouveront la route d'un port dont ils ont désappris le nom depuis bientôt deux siècles !

En raison de sa situation, Garachico doit redouter le jour où le volcan sortira de nouveau de son repos. Le cône actuel du Teyde surgit du milieu d'un cratère ancien connu sous le nom de *Caldera*. Cet ancien cratère est environné d'une sorte de muraille circulaire, les *Cañadas*. Cette muraille, par suite de quelque éruption, a été emportée partiellement, et c'est précisément du côté de Garachico que s'ouvre la brèche : or c'est vraisemblablement par cette brèche que s'écouleront les torrents de lave des éruptions futures [1].

---

[1] Voici les éruptions de Ténériffe dont l'histoire et la tradition nous ont conservé le souvenir :

1393 ou 1399. — D'après le récit de quelques marins andalous ou biscaïens.

1430. — Vallée de Taoro. — D'après la tradition des Guanches.

1492. — Cette éruption est mentionnée dans le journal de voyage de Christophe Colomb. Elle eut lieu peu de temps avant la découverte de l'Amérique.

1604. — Éruption du volcan de *Siete Fuentes*, le 24 décembre et les jours suivants.

1605. — Éruption du volcan de Fasnia, du 5 au 13 février.

1705. — Éruption du volcan de Güimar, du 2 au 3 février.

1706. — Éruption de Garachico (volcan de la *Montaña Negra*), le 4 mai et les jours suivants.

1798. — Éruption du volcan de Chahorra, le 9 juin et les jours

Revenu à Icod, j'ai été saluer le docteur S... de la part de son ami don Hermann Wildpret. C'est un Gaditan qui, pour fuir le monde et la politique, est venu se réfugier dans le plus beau site des îles Fortunées. Il vit dans la retraite la plus absolue, plongé dans ses chères études et dans la contemplation de la nature. Son habitation est tout à fait charmante : un magnifique palmier ombrage le *patio*, les plus ravissants oiseaux des tropiques l'animent de leurs chants. Du haut de la terrasse on jouit d'une vue d'une indescriptible beauté : un paradis sur la terre! Et un paradis où la vie ne coûte presque rien. Oh! l'heureux docteur!

*
* *

J'ai pris congé ce matin de mes excellents hôtes d'Icod. Pour revenir à Orotava, je n'ai plus suivi cette fois les bords de la mer, j'ai pris la route de la montagne. Mon guide la connaissait à peine, et nous avons fait double chemin dans ces régions désertes et inhabitées. Sur un parcours de quatre ou cinq lieues, on ne rencontre qu'un pauvre village, *Icod el Alto,* isolé et perdu sur la mon-

---

suivants. Ce cratère, situé à 600 mètres environ au-dessous de la cime du Pic, peut être considéré comme le principal volcan de l'île Ténériffe. L'éruption de 1798 ne dura pas moins de trois mois, et pendant cette période se formèrent quatre nouveaux cratères au sud-ouest de sa base, à plus de 2,000 mètres au-dessus du niveau de la mer.

tagne de Tigayga, ce contre-fort du Teyde, qui sépare la vallée d'Icod de celle d'Orotava.

Toutes ces vallées, qui rayonnent dans tous les sens du centre de l'île, sont formées de la même façon : toujours elles sont encaissées entre deux puissantes murailles qui descendent en pente douce vers la mer. Ce qui caractérise l'île Ténériffe, ce sont les innombrables *barrancos* qui sillonnent cette terre déchirée et tourmentée. Les barrancos sont des ravins plus étroits que les vallées, des défilés qui prennent leur origine sur les premiers versants des montagnes centrales et se déploient en éventail vers la côte. Dans ces ravins étroitement encaissés entre des murs de basalte, il règne une température qui favorise le développement d'une grande variété de plantes : l'ombre des rochers les abrite du soleil, les eaux des montagnes y entretiennent une humidité constante. La végétation des barrancos se distingue par sa fraîcheur de celle de la côte. C'est là que j'ai vu ces beaux pins des Canaries qui embaument l'air de leurs senteurs résineuses. Mais lorsque ces gorges sont exposées au vent d'Afrique, elles sont frappées d'une stérilité absolue ; elles n'offrent souvent qu'une mer de scories volcaniques, d'une teinte grisâtre, où l'on chevauche péniblement sans pouvoir reconnaître la moindre trace d'un chemin.

Sur toute l'étendue comprise entre Icod de los

Vinos et Icod el Alto, les barrancos succèdent aux barrancos, offrant les mêmes perspectives; à la naissance de chaque gorge se hisse toujours, sublime et formidable, la pyramide du Teyde; à l'autre extrémité scintille, à quelque mille pieds au-dessous du voyageur, la grande lueur bleue de l'Océan. Le paysage offre partout le caractère de la solitude la plus absolue; dans ces vallons silencieux on pourrait vivre en Robinson.

On m'avait beaucoup vanté le panorama qui se déroule aux regards des hauteurs d'Icod el Alto, quand on débouche sur le barranco de San Antonio. Mais un phénomène atmosphérique m'a dérobé la vue des régions inférieures. Du fond de la gorge, profondément encaissée, s'élevait une brume épaisse qui montait vers le ciel comme une fumée d'encens. Pendant que je contournais cet immense abîme dont je ne pouvais voir le fond, je voyais se dérouler sous mes pieds une mer de nuages, sillonnée de vagues et de ravines, qui simulaient les flots agités de l'Océan. Par delà cette mer d'eau vaporisée, je distinguais une longue ligne bleuâtre qui marquait l'Atlantique, à quelque quinze cents mètres plus bas. Cette vue féerique valait peut-être bien le panorama que me cachait la brume.

Une descente rapide m'a ramené aux Realejos et à Orotava.

CHAPITRE XIII

ASCENSION DU PIC DE TÉNÉRIFFE.

Pourquoi il faut aborder le Pic par le nord. — Le guide Ignacio. — Préparatifs de l'expédition. — Le départ. — Aspect du pays. — Changement de climat. — Zone des nuages. — Chèvres et bergers. — Deux incidents. — Au-dessus des nuages. — Apparition du Teyde. — Repas dans la montagne. — Les retamas. — Estancia de la Cera. — Les Cañadas. — Traversée de la Caldera. — Région des laves. — Estancia de los Ingleses. — Feu de retamas. — Coucher du soleil. — A la belle étoile. — Ascension au clair de lune. — Chute de cheval. — Le Mal-Pais. — La Rambleta. — Escalade du Pain de sucre. — Dernière infortune.

J'arrive de Sainte-Croix, où j'ai passé vingt-quatre heures, et me voici revenu à Orotava, outillé pour entreprendre l'ascension du Teyde. Ma montre est réparée; j'ai remplacé mes lunettes de verre fumé et mon thermomètre. Je n'ai pu décider personne à Sainte-Croix à m'accompagner au Pic, pas même le docteur Masferrer, qui veut attendre le mois de septembre, plus favorable pour cette excursion. Je veux profiter de la pleine lune pour gravir le cône pendant la nuit, et je pars irrévocablement demain.

Quelques personnes m'avaient conseillé à Sainte-Croix de tenter l'ascension par le versant méridional de la montagne. Il fallait, dans ce cas, prendre le coche de Güimar, puis gagner à cheval le petit village de Chasna, ce qui devait me prendre deux journées. Mais quand j'ai vu l'affreuse patache des temps préhistoriques qui devait me conduire à Güimar, par une chaleur atroce, et Dieu sait en quelle compagnie de gens et de puces! j'ai bien vite modifié mes plans. On m'avait fait d'ailleurs un tableau fort peu séduisant des quinze heures de voyage à cheval de Güimar à Chasna, par des chemins impossibles et à travers les régions les plus chaudes de l'île. Puis, pas d'auberges, rien à manger, si ce n'est l'affreux *gofio*. Bref, j'avais déjà pris possession de ma place dans le coche; mais lorsque je me suis vu condamné à rôtir dans cette fournaise avec six autres voyageurs, bien qu'il n'y eût littéralement que quatre places, j'ai pris le sage parti de revenir ici par le plus prochain départ.

Sainte-Croix est décidément intolérable en été. Accablé par la chaleur et les moustiques, je n'ai pas pu trouver le sommeil la nuit dernière. A quatre heures du matin j'étais debout. Le cuisinier de l'hôtel dormait encore; les deux cafés de la place étaient fermés, et, ne pouvant obtenir une tasse de café pour étancher ma soif brûlante, j'ai avisé une chèvre et me suis fait traire sur place une grande jarre de lait savoureux. Puis j'ai quitté sans regret la serre chaude de Sainte-Croix par le coche de cinq heures. J'ai franchi pour la troisième fois les quarante kilomètres qui séparent la capitale d'Orotava. Sur le haut plateau de l'île j'ai retrouvé la fraîcheur et la brise, qui m'ont bientôt fait oublier les chaleurs torrides de la côte méridionale.

A une heure j'étais à destination. J'ai été immédiatement trouver le guide Ignacio, dont la bonne mine m'a inspiré toute confiance. Il sera demain matin à l'auberge, avec deux chevaux.

Le ciel est couvert de vilains nuages qui ne présagent rien de bon. *Alea jacta est!*

**
* **

Avant-hier, à sept heures et demie du matin, le guide Ignacio et l'arriero Miguel étaient à la porte de la *Fonda del Teyde*. Ils avaient amené un cheval blanc, à l'œil intelligent et doux, qui devait me servir de monture jusqu'au plateau de l'Alta-Vista; il y avait aussi un cheval brun, qui portait un de ces immenses bâts du pays, relevés en volute aux deux extrémités; sur le bât étaient amarrés un baril d'eau, un sac contenant les provisions de mes hommes, et des couvertures; l'aubergiste y ajouta un panier où il avait renfermé à mon intention un quartier de roastbeef, quelques œufs, du thé, du vin vieux de Ténériffe, voire même de la bière anglaise en bouteilles. Ignacio et Miguel n'avaient point de monture : les Canariens vont toujours à pied.

Les préparatifs terminés, j'allumai une cigarette,

montai en selle et saluai les hôtes de la *Fonda del Teyde,* le juge et le *fiscal* du district, leur promettant de revenir dîner avec eux le lendemain soir.

Nous partons par un ciel couvert; les nuages se traînent bas et nous dérobent tout à fait la vue du pic que nous allons conquérir; mais Ignacio m'assure que nous irons retrouver le soleil par delà les nuages. Nous traversons la place de la Constitution, d'où la vue embrasse toute la vallée d'Orotava jusqu'à l'Océan, puis nous remontons l'interminable rue *San-Agustin.* Toutes les filles nous épient au passage derrière les jalousies.

Nous nous engageons bientôt dans le barranco de *San-Antonio,* qui s'ouvre à gauche. Mon cheval comprend alors que nous allons au Pic, et il manifeste quelque velléité de regimber; mais une volée de coups de bâton, administrée par l'arriero, le fait rentrer dans le devoir.

Je vois encore notre petite caravane montant par un joli sentier en zigzag, bordé de grands agaves, du milieu desquels surgit parfois une tige svelte et élancée, haute de plusieurs mètres, portant une fleur à son extrémité.

Le paysage est d'un aspect tout africain. Autour de nous ce ne sont que nopaleries de cochenille. De loin en loin se montre, au bord du chemin, une de ces huttes en chaume qui constituent la misérable demeure du paysan canarien; elles me font songer aux wigwams des Indiens d'Amérique. Les braves gens qui vivent dans ces habitations primitives n'ont pour toute fortune qu'une vache et deux chèvres. Mais en revanche ils ont le plus beau climat du monde. Dans cette admirable vallée d'Orotava, tout respire le bonheur et la quiétude.

Aux cultures de cochenille succède bientôt la région des céréales. Les paysans font la moisson, en improvisant des paroles sur des airs que j'ai entendus d'un bout à l'autre de l'Andalousie : ce sont des mélodies traînantes, dont la forme étrange a été évidemment empruntée aux Arabes. Ces canciones espagnoles semblent faites pour ces campagnes paisibles, où l'atmosphère est toujours calme, chaude et embaumée.

Le pays se couvre de groupes d'arbres à mesure que nous nous élevons. Ce sont d'abord les lauriers touffus, puis les châtaigniers, puis les beaux pins des Canaries. Des hauteurs où nous sommes parvenus, nous voyons se déployer à nos pieds, avec toutes ses harmonies et ses grâces champêtres, l'immense pays des Hespérides, depuis les coteaux de *Santa-Ursula* jusqu'aux lointains villages des *Realejos*, depuis les contre-forts de *Tigayga* jusqu'à l'Atlantique, qui se perd au loin dans les brumes des tropiques. C'est un des plus merveilleux panoramas qu'on puisse contempler. A quelque mille mètres plus bas surgissent, comme des champi gnons, les trois mamelons volcaniques connus sous le nom de *Montañetas*. Les nopaleries affectent l'aspect d'une immense mosaïque formée de carrés blancs et verts. La *Ville* et le *Puerto* ne semblent plus que des villages gros comme le poing.

A neuf heures, nous pénétrons dans le barranco de la *Johanera*. Mon cheval prend spontanément la route du ravin : il a été douze fois au Pic l'an passé et y monte la première fois cette année; jamais il ne se trompe de chemin.

Il y avait à peine une heure et demie que nous étions en route, quand nous atteignîmes la région des nuages. A l'instant même se produisit un changement subit dans la température. Les vapeurs fuyaient autour de nous comme une fumée légère; de petites gouttelettes microscopiques s'attachaient au rebord de mon casque. En même temps, la végétation se transformait à vue d'œil : nous avions passé subitement de la zone torride à la zone tempérée; les cactus et les agaves avaient disparu comme par enchantement pour laisser la place aux fougères et aux cytises. Tout me transportait au cœur des Alpes : des chèvres paissaient dans cette région, agitant les clochettes suspendues à leur cou. J'éprouvai un plaisir inexprimable à me retrouver si inopinément dans le climat et le paysage du nord, dont on n'apprécie bien les beautés que lorsqu'on s'est enivré pendant longtemps de la nature tropicale.

Les pentes du Monte-Verde, où nous nous trouvions en ce moment, sont le séjour favori de ces belles chèvres de Ténériffe qui donnent un lait si savoureux. Lorsque je les entrevoyais dans la brume, je les prenais de loin pour de petites vaches, tant elles sont de belle taille. Elles trouvent à cette altitude le climat et les plantes qui leur conviennent. La brume est ici pour ainsi dire constante : c'est la zone de ces nuages qui font au pic de Ténériffe une ceinture d'où émerge le cône; les marins la connaissent bien.

L'humidité qui règne dans ces parages donne un puissant développement à la végétation. Les fougères, les genêts, les cytises, dont les chèvres broutent les tiges, atteignent une taille considérable. Parmi ces arbustes sautille un gentil petit oiseau qui jette un cri plaintif : Ignacio l'appelle le « *caminero.* »

Au milieu de ces solitudes vivent les bergers de Ténériffe qui ont conservé, dit-on, le type des anciens Guanches. Ceux que nous rencontrâmes me parurent à demi sauvages : ils étaient vêtus d'un poncho de laine blanche; ils avaient les cheveux incultes, les jambes nues, les pieds chaussés de sandales, et portaient un long bâton à l'aide duquel ils grimpaient à travers les rochers.

Deux incidents retardèrent notre marche au

milieu des brouillards. Notre baril d'eau laissait échapper son précieux contenu; nous nous arrêtâmes dans un site désolé pour le fermer hermétiquement. La pauvre bête qui le portait ruisselait de sueur. Pendant notre halte, Ignacio s'aperçut qu'il avait perdu sa *chaqueta*. Il envoya Miguel à sa recherche, mais celui-ci nous rejoignit sans l'avoir retrouvée. Frileux comme le sont tous les Canariens, le pauvre Ignacio se répandait en lamentations, se voyant menacé de geler tout vif pendant la nuit.

Quand nous abordâmes la région connue sous le nom de *Codesos*, où s'épanouissent de belles forêts de pins, la brume était devenue si épaisse, que nous ne pouvions distinguer les objets à dix mètres de distance. Il ne me fallait pas un grand effort d'imagination pour me croire sur les pentes boisées du Gausta-Fjeld, que j'escaladai naguère en Norwége.

Nous sortîmes de cette région des brumes aussi subitement que nous y étions entrés. Nous étions en marche depuis près de trois heures, quand le soleil nous apparut dans toute sa gloire : à la température de la zone tempérée succéda immédiatement celle de la zone torride. Étrange phénomène que cette superposition du climat des tropiques au climat des Alpes! Nous planions maintenant au-dessus des nuages, qui se dressaient verticalement derrière nous comme une muraille. La montagne de Caramuju se découpait devant nous sur le ciel bleu; à gauche surgissait la *montaña Blanca*.

Au moment où nous franchissions la crête d'un contre-fort, le Teyde nous apparut tout à coup vers la droite. Le noble pic dessinait nettement sa silhouette conique sur un ciel d'un bleu tellement prononcé, que je ne puis lui comparer que l'admirable ciel du Colorado. La scène était d'une beauté calme et imposante : devant nous le Teyde, aux lignes simples et graves, noyé dans son éternelle auréole d'azur; derrière nous un chaos de nuages qui nous dérobaient les régions inférieures.

Nous nous mîmes à l'ombre de maigres cytises (*escobones*), pour faire notre premier déjeuner. Ignacio étala méthodiquement les provisions sur le sol, et un parfait appétit présida à notre frugal repas. Le vin de Ténériffe fut trouvé excellent. L'eau du baril servit à désaltérer les pauvres chevaux qui mouraient de soif.

Après trois quarts d'heure de repos, nous nous remettons en route avec une ardeur nouvelle. Il s'agit de franchir l'immense contre-fort de Tigayga qui descend du pied du Teyde et sépare la vallée d'Orotava de celle d'Icod. Nous traversons les pentes stériles du Juradillo, situées immédiatement au-dessous du Tigayga; ces pentes sont jonchées de scories vomies par le volcan. Malgré un soleil brûlant, il règne à ces hauteurs une brise agréable. Le cône du Teyde, vers lequel nous marchons, semble n'être qu'à une portée de fusil, tant est grande la limpidité de l'air.

Vient ensuite la rude ascension de la *montaña Colorada*. Nous montons à travers des myriades de scories. La réverbération du soleil sur le sol blanchâtre est extrêmement pénible. En cet endroit le thermomètre marque 35°. C'est là que nous voyons les premières *retamas*, espèce de bruyère arborescente qui constitue la seule végétation de ces grandes altitudes.

Les nuages, que nous dominons maintenant de quelque mille mètres, présentent l'aspect grandiose d'une plaine à perte de vue, couverte de neige dans toute son étendue; non pas une plaine absolument unie, mais moutonnée, traversée de ravins, comme les savanes qui s'étendent entre le Mississipi et les montagnes Rocheuses.

Ces nuages, qui offraient, lorsque nous les regardions d'en bas, l'image de l'inconstance et de la mobilité, nous apparaissent maintenant comme une étendue de matière solide, figée dans une immobilité absolue; les ravins, les creux qui en sillonnent la surface ne varient pas plus d'aspect que les vallées terrestres. Du côté de Sainte-Croix la plaine nuageuse se termine par un profond précipice en fer à cheval, qui me rappelle la cataracte du Niagara; ce précipice ne changera point de forme durant toute la durée de notre ascension, et demain, à la descente, nous le reverrons sous le même aspect.

A une heure, nous voyons se dresser fièrement, nous dominant de toute sa hauteur, le Pic, que nous avons perdu de vue depuis que nous nous sommes engagés dans les barrancos. Cette fois le cône se dévoile tout entier à nos yeux ; de la base jusqu'à la cime, rien que le soleil n'éclaire de ses éblouissantes clartés. Prodigieux monument édifié par les forces souterraines, et d'une régularité qui fait songer aux pyramides d'Égypte, il semble qu'une race disparue y ait mis l'équerre. La cime affecte la forme d'un pain de sucre qui se superpose sur le grand cône tronqué, et dont la teinte blanchâtre contraste avec la nuance jaune du Teyde; on perd de vue le pain de sucre en s'approchant du cône inférieur, de même qu'on cesse de voir le faîte d'un clocher lorsqu'on s'approche du pied de l'édifice.

Nous faisons une courte halte à l'endroit connu sous le nom de *Estancia de la Cera*. Le site est sublime dans sa sauvagerie. Autour de nous ce n'est qu'un océan de scories. Surchauffées par le soleil, ces scories sont tellement brûlantes, que la main ne peut en supporter le contact.

Déjà nous apercevons au-dessus de nos têtes les crêtes des Cañadas, longues chaînes de rochers qui se dressent comme une suite de bastions défendant l'approche de la montagne. Ces rochers, dont les sommets dentelés, hérissés en scie, semblent taillés à l'emporte-pièce, forment une muraille circulaire de neuf ou dix lieues de tour. Nous franchissons la muraille par une brèche qui s'ouvre au nord-est, et nous nous trouvons dans cette vaste enceinte, qui n'est autre que l'ancien cratère du volcan.

Ce cratère est le plus grand du monde, après celui de Kilaouéa aux îles Sandwich; Paris y tiendrait à l'aise. Quand on songe à ce que dut renfermer un jour de matières incandescentes cette prodigieuse fournaise, on comprend le nom du Pic de Ténériffe, *Teyde* ou *Echeyde*, qui dans la langue des Guanches signifiait *Enfer*.

Au centre même de ce cratère ancien a surgi le volcan actuel; il est posé comme un cône au milieu d'une chaudière. Les bords de la chaudière, ce sont les *Cañadas;* la *Caldera* est le nom donné à la chaudière; c'est aussi le nom du fameux cratère éteint de l'île Palma, voisine de Ténériffe.

Rien ne peut donner une idée des déserts de l'Afrique mieux que l'enceinte des Cañadas. Qu'on s'imagine une immense plaine parfaitement unie, couverte dans toute son étendue de myriades de pierres ponces désagrégées et parsemée de blocs d'obsidienne. Pas un vestige d'ombre. Les massifs de *retama blanca,* qui atteignent six pieds d'élévation, ne diminuent guère la monotonie de cette plaine saharienne, où je n'ai vu d'autres êtres vivants qu'un milan solitaire et des corbeaux.

La traversée de la Caldera est pénible, presque désespérante. On marche des heures entières vers le Pic qui se lève gigantesque au milieu de ce désert. Le ciel est d'un bleu inouï, le soleil chauffe comme un boulet rougi à blanc, la pierre ponce brûle sous les pieds, et il n'est ni casque ni ombrelle qui puisse garantir les yeux de l'éclat insoutenable de la lumière solaire renvoyée par le sol miroitant. Quiconque fait l'ascension du Teyde en revient la face empourprée, les yeux atteints d'inflammation, par suite de la réverbération de la Caldera. Cette réverbération cause surtout une douleur cuisante dans les narines, comme si l'on y introduisait du poivre de Cayenne. Mes guides saignaient du nez tout comme moi ; telle était la sécheresse de l'air, que nos lèvres se gerçaient et se fendillaient. Au soleil, le thermomètre atteignait près de 55° ; à l'ombre de mon ombrelle, il marquait la moitié : cette énorme différence n'a pas besoin d'explication. Or, comme il n'y a pas le moindre coin d'ombre dans toute la plaine des Cañadas, c'est à la première température qu'il faut avoir égard. Cette région torride contrastait singulièrement avec l'humide et froide région des nuages que nous venions de quitter.

Nous eûmes enfin raison de cette longue et pénible traversée de la Caldera, et après avoir contourné un mamelon jaunâtre que les guides appellent *Roque de la Pera,* nous attaquâmes une sorte de contre-fort du Teyde qui porte le nom de *montaña Blanca.* Les pentes sont jonchées de myriades de blocs d'obsidienne de toutes tailles et de toutes formes, noirs comme l'ébène polie. Ce verre volcanique est d'une structure si compacte et d'une telle dureté, que les Guanches, qui ne connaissaient pas le fer, en faisaient des instruments tranchants dont j'ai vu des spécimens au musée de Sainte-Croix. Dans cette région sombre et silencieuse, il n'y a pas la moindre trace de végétation.

Nous prîmes quelques instants de repos au pied d'une longue traînée d'obsidiennes. Les pauvres chevaux burent avec avidité; ils éprouvaient déjà l'influence de la rareté de l'air, car depuis qu'ils avaient quitté la plaine des Cañadas pour gravir la montagne, ils ne pouvaient plus faire dix pas sans souffler. A ces hauteurs régnait une brise rafraîchissante; le thermomètre, à quatre heures, ne marquait pas plus de 30° au soleil, 22° à l'ombre; aussi la température était-elle des plus agréables.

La mer de nuages s'épaississait à mesure que le soleil fournissait sa carrière : elle était devenue d'un blanc laiteux qui faisait un contraste saisissant avec l'admirable azur du ciel. La montagne appelée par les guides *lo Costado* s'avançait comme un promontoire au milieu de cet océan de vapeurs suspendues comme un immense écran au-dessus de l'Atlantique invisible. Les cimes des plus hautes montagnes de la Grande Canarie émergeaient dans un prodigieux éloignement du sein des nuées, semblables à des récifs fantastiques. Ce tableau si étrange, si nouveau, semblait tenir de l'idéal plutôt que de la réalité.

Voici maintenant la région des laves. Ce sont des blocs gigantesques de couleur noire, de forme ovoïde plus ou moins régulière. Comme le remarque M. Masferrer, dont l'intéressante notice [1] m'a été un guide précieux dans cette ascension, ces blocs occupent souvent des positions telles, qu'on ne conçoit point qu'ils aient pu y être entraînés par la seule impulsion de la pesanteur : ce seraient donc de véritables bombes volcaniques lancées par la force explosive du cratère; mais cette opinion paraît difficilement acceptable quand on songe au volume énorme, au poids prodigieux de quelques-uns de ces monolithes, qui font supposer une force éruptive d'une puissance bien supérieure à celle qu'on peut observer dans les phénomènes contemporains. Quelques savants pensent que ces masses de lave ont été engendrées par la séparation de certaines portions de la matière fluide

---

[1] *Sucinta Noticia de una excursion al Pico de Teyde*, por DON RAMON MASFERRER Y ARQUIMBAU. (*Anal. de la Soc. Esp. de Hist. nat.* Tomo VIII, 1879.)

dont se constituait le courant au sortir du cratère; affectant la forme de gouttes monstrueuses, elles auraient acquis une plus grande vitesse que le courant, et gagnèrent des endroits où celui-ci ne pouvait atteindre. Cette opinion semble confirmée par leur position relativement au courant.

Quelques instants encore, et nous arrivons à l'*Estancia de los Ingleses* (2,891 mètres d'altitude). Il est d'usage de passer ici la nuit à la belle étoile.

Quiconque a fait l'ascension de l'Etna se rappellera la *Casa degli Inglesi*, où l'on s'arrête la nuit avant de gravir la cime. Deux des plus célèbres volcans du monde sont donc pourvus d'une « station des Anglais » : coïncidence qui montre bien les habitudes voyageuses de la race anglo-saxonne. Mais si la *Casa degli Inglesi* offre un refuge véritable, il n'en est pas de même de l'*Estancia de los Ingleses*, où l'on ne trouve aucune espèce d'abri. Deux rochers entre lesquels règne un couloir ouvert à tous les vents forment les murs de l'estancia; il n'y a d'autre toiture que le firmament. C'est là cependant que nous allons passer la nuit. Ignacio me dit qu'on peut aller coucher plus haut encore, à l'*Alta-Vista;* mais on n'y trouve point de bois pour faire du feu, et comme la nuit semble devoir être froide, nous nous décidons à camper ici. On ôte les harnais aux chevaux, qui n'en peuvent plus, et les guides s'en vont en quête de branches sèches de *retama*, la seule plante qui puisse, à cette altitude, nous servir de combustible.

Entre temps, je m'assieds sur une pointe de rocher. Il est cinq heures et demie du soir. Du haut de mon observatoire je domine les Cañadas encore éclairées par le soleil, qui déjà s'est retiré d'ici devant l'ombre envahissante de la montagne. Quand on contemple du haut de l'estancia la longue scie circulaire des Cañadas, on y reconnaît bien les bords d'un ancien cratère. La Caldera, qui forme le fond de ce cratère, apparaît couverte d'une nappe mouvante de petits fragments de pierre ponce, dont la blancheur contraste avec les noirs courants de lave qui la sillonnent de toutes parts.

Malgré sa simplicité plus que primitive, l'estancia présente un aspect pittoresque. Au pied d'un grand rocher, les chevaux mangent leur avoine. Notre domicile occupe un espace de quelques mètres carrés compris entre deux blocs volcaniques de quatre ou cinq mètres de hauteur. Sur le sol sont déposées toutes nos richesses, le baril, les provisions, les couvertures. Çà et là des débris de bouteilles, des boîtes de conserves défoncées, témoignent du passage des voyageurs précédents.

Les guides reviennent bientôt avec une ample provision de branches de retama : il y a de quoi faire pétiller un grand feu pendant toute la nuit. A pareille hauteur les nuits sont froides, même près des tropiques. Il gèle souvent au cœur de l'été au sommet du Teyde. Vers six heures du soir nous mettons le feu aux branches sèches, et une chaleur bienfaisante détend nos membres engourdis par la fatigue.

En ce moment, une ombre gigantesque, affectant la forme d'un cône parfaitement régulier, se projette à l'orient sur les Cañadas : c'est l'ombre du Pic. Elle grandit à mesure que le soleil baisse ; à six heures et demie elle dépasse les Cañadas et se projette sur les nuages.

A sept heures du soir, au moment où le soleil se couche dans la plaine, la scène devient d'une beauté indescriptible. L'ombre du Teyde s'étend sur les montagnes de la Grande Canarie, puis, gagnant toujours, elle envahit les nuages roses qui planent au-dessus de cette île lointaine : on dirait une montagne toute noire, une pyramide fantastique, surgissant du sein même de la Grande Canarie, et écrasant de sa prodigieuse élévation les cimes plus humbles qui l'environnent. La longue muraille des Cañadas de brune est devenue rose ; rose aussi est la bande du ciel qui confine à la mer de nuages. Cette mer a pris un aspect si compacte, qu'elle paraît figée. De sombres ravines la parcourent en tous sens : il me semble voir un vaste continent boréal enseveli sous les neiges et les glaces accumulées pendant des siècles.

Au bout de quelques minutes encore, nous assistons à la dernière scène de ce merveilleux coucher de soleil. Les crêtes dentelées des Cañadas se noient à leur tour dans l'ombre qui nous a envahis depuis deux heures; le ciel devient d'un rose pourpré vers le zénith, pendant qu'il passe au gris perle à l'horizon ; la mer de nuages quitte sa teinte neigeuse pour prendre la nuance de l'opale. Puis, l'ombre du Pic, qui grandit comme si elle voulait obscurcir la nature entière, disparaît avec la rapidité de l'éclair, et avec elle s'évanouit toute cette admirable féerie dont jamais je n'oublierai la splendeur.

Sous les tropiques, il n'y a point de crépuscule à pareille altitude. A peine les dernières lueurs du jour ont-elles quitté les espaces, que des myriades d'étoiles surgissent dans tous les points du firmament : à travers la pure atmosphère elles brillent d'un éclat que je ne leur ai jamais vu. Vers huit heures apparaît, derrière les sombres remparts des Cañadas, le disque de la lune, qui est dans son plein. Elle se lève rouge comme un charbon incandescent, et monte majestueusement dans le ciel.

Cette nuit radieuse, passée à près de 3,000 mètres d'altitude, m'a rappelé celle que je passai naguère sur l'un des plus hauts pics des montagnes Rocheuses. Pendant ces délicieux instants, on se laisse aller au charme de la méditation. Le calme profond de l'atmosphère, le silence imposant qui règne à ces hauteurs, la sérénité du firmament, tout vous transporte dans je ne sais quel élément d'éternité : on se sent plus éloigné du monde habité et plus près des astres, et l'on aperçoit dans les cieux, écrit en signes lumineux, le grand nom du Créateur.

Il fallait songer à réparer nos forces. Nous alimentâmes le feu de retama, et nous y fîmes cuire nos provisions. Au grand ébahissement de mes guides, je préparai un bouillon de Liebig qui eût pu figurer sur la table d'un Lucullus; ce qui ôtait l'illusion, c'est que nous n'avions qu'une seule tasse, qui passa de main en main. Nous réchauffâmes un quartier de viande froide, nous fîmes d'abondantes libations de vin de Ténériffe, et une tasse de thé fumant clôtura notre joyeux souper. Puis on fit cercle autour du feu, on fuma, on devisa. Le vin avait mis mes guides en gaieté. Ignacio chanta des *seguidillas*.

La fraîcheur augmentait avec la nuit. Le thermomètre, qui marquait 12° au coucher du soleil, descendit jusqu'à 4°. Et cependant les guides prétendaient que d'ordinaire il faisait plus froid encore à cette altitude.

Vaincus par la fatigue, nous nous enveloppâmes dans nos couvertures et nous étendîmes sur les rochers, les pieds tournés vers le feu. Ignacio et Miguel, en vrais montagnards qu'ils étaient, ne tardèrent pas à ronfler. Pour ma part, n'étant guère habitué à coucher à la belle étoile, surtout sur des rochers, je dormis peu. Le froid me réveillait chaque fois que le feu mourait, et comme le bois de retama se consume très-vite, j'étais presque toujours occupé à raviver la flamme. La brise de la nuit formait un courant d'air entre les deux rochers, ce qui me valut un rhume. S'enrhumer aux îles Fortunées, c'est à peine avouable !

Nous étions convenus de nous remettre en route à deux heures du matin, pour arriver à la cime avant le lever du soleil. Je réveillai mes ronfleurs une demi-heure plus tôt, car il fallait faire du thé et harnacher les chevaux. Ces apprêts terminés, nous quittons l'estancia par un froid piquant. La lune éclaire notre route : elle brille d'un éclat incroyable, et nos ombres se projettent sur le sol avec la plus grande netteté ; nous distinguons parfaitement les détails du paysage, qui présente un aspect de plus en plus désolé : on ne voit plus aucune trace de végétation ; les *retamas* ont disparu à leur tour.

L'ascension devient pénible, dangereuse même pour les chevaux. Les pauvres bêtes grimpent à travers un chaos de laves mouvantes présentant une pente extrêmement rapide ; elles ne peuvent faire vingt pas sans s'arrêter pour reprendre haleine, et je me prends à craindre qu'elles ne puissent pas supporter jusqu'au bout les fatigues de l'expédition. Je me tiens immobile en selle, la poitrine collée à l'encolure, prêt à tout événement. Il y eut un moment où mon cheval s'arrêta court devant un formidable amoncellement de blocs de lave; je l'excitai du talon. Dans l'effort qu'il fit pour franchir l'obstacle, la sangle se rompit, je me sentis glisser avec la selle sur la croupe presque verticale, et j'allai tomber derrière ma monture au milieu des laves rugueuses, sur le bord d'un précipice; le cheval lui-même trébucha, et je vis ses sabots à deux doigts de ma tête. Je me relevai contusionné, les mains en sang, fort heureux d'en être quitte à ce compte. Les guides accoururent réparer la sangle, et nous atteignîmes sans autre incident le plateau de l'*Alta-Vista*. Il était alors trois heures et quart.

Les chevaux n'allaient pas plus loin. Ils furent laissés aux soins de Miguel, et je poursuivis à pied l'escalade en compagnie d'Ignacio. Aidés du bâton ferré, nous abordons une coulée de lave connue sous le nom significatif de *Mal-Pais* (mauvais pays). Ici comme au Mexique, ce nom désigne les espaces envahis par les matières volcaniques. Qu'on se figure un prodigieux chaos de blocs noirs et anguleux, auquel les lueurs blafardes de la lune donnaient un aspect vraiment sinistre;

on dirait les ruines calcinées de quelque Babylone. Les blocs vacillent sous nos pieds et donnent dans leur choc un son creux et métallique; il nous faut sauter de pointe en pointe, d'un pied ferme et sûr, sous peine de nous rompre les os. Cette route, digne d'inspirer l'imagination de Holbein, paraît longue comme un siècle.

Nous atteignons au bout d'une heure le plateau de la *Rambleta*, situé à 3,569 mètres d'altitude. On a reconnu dans ce plateau un ancien cratère comblé par les matières volcaniques. C'est une miniature du plateau des Cañadas; il présente comme lui l'aspect d'une plaine circulaire du milieu duquel surgit le cône le plus élevé du Teyde. « C'est de là, dit M. Berthelot, que débordèrent les nombreux torrents de lave qui inondèrent les Canadas. Le Teyde a eu des alternatives de repos et d'épouvantables réveils; ce fut probablement après un de ces sommeils perfides qu'une nouvelle éruption produisit le pic actuel. Ce chapiteau volcanique qui a recouvert l'ancien gouffre s'élève du milieu de la Rambleta; il couronne la montagne et forme le pyramidion du grand cône. »

Je m'arrêtai un instant à considérer à la Rambleta un curieux phénomène auquel les guides donnent le nom de *Narices del Pico* (nez du pic). Les parois des rochers sont sillonnées de larges crevasses par lesquelles s'échappent de puissants jets de vapeur d'eau. Humboldt constata que ces vapeurs avaient une température de 50°. Cette température est d'ailleurs fort variable.

Le dernier cône ou le *Pain de sucre*, qui n'a guère que 150 mètres de hauteur, est la partie la plus pénible de l'escalade. Il faut grimper sous un angle de 45° à travers des fragments de scories et de pierres ponces qui à chaque pas se dérobent sous les pieds et vous font glisser en arrière; c'est l'histoire désespérante de toutes les cimes volcaniques. La raréfaction de l'air nous oblige à des haltes fréquentes[1]. A mesure que nous montons, nous voyons s'échapper du sol des vapeurs sulfureuses, que le vent chasse vers nous et dont l'odeur suffocante affecte péniblement nos voies respiratoires.

Une dernière infortune m'était réservée avant d'atteindre à la cime. Mon bâton ferré, que je maniais difficilement de mes mains meurtries, vint à heurter la visière de mon casque. Le casque tomba, et je l'entendis se précipiter dans les ténèbres et rouler de scorie en scorie, par d'énormes ricochets. Nous dûmes aller à sa recherche, et ce fut le brave Ignacio qui le retrouva au fond d'une crevasse, indignement maltraité. Pauvre casque! *quantum mutatus ab illo!*

---

[1] On a constaté que l'air renferme 19 0/0 d'oxygène au sommet du Teyde.

CHAPITRE XIV

AU SOMMET DU PIC.

Le lever du soleil. — Ce qu'on voit du haut du Teyde. — Dans le cratère. — Point culminant du Teyde. — La descente. — La grotte de glace. — Chaleur atroce. — Retour à Orotava.

Il est cinq heures du matin quand nous arrivons à la cime. Bien que le soleil ne soit pas encore visible, il règne déjà un demi-jour qui me fait supposer la présence de l'astre au-dessous des nuages. Je puis me rendre compte, au premier coup d'œil, qu'il ne nous sera pas donné de jouir de la vue des régions inférieures. Contre mon espoir, la mer de nuages ne s'est pas dissipée pendant la nuit. Les vallées sont plongées encore dans les ténèbres, que déjà la clarté du jour se répand autour de nous. Les premiers nous saluons l'aurore.

Après une demi-heure d'attente, nous voyons surgir le soleil du sein de la nappe nuageuse; presque en même temps l'ombre gigantesque du Pic se projette à l'occident sur l'île de la Gomera; elle affecte la forme d'un triangle isocèle de la plus parfaite régularité, mesurant neuf ou dix lieues de la base au sommet. Le Pic, dont nous frappons de nos talons le front sublime, surgit comme un immense obélisque du sein de la mer illimitée de nuages qui se déroule à plus de deux mille mètres au-dessous de nos pieds. A mesure que le soleil monte dans le ciel, cette mer prend des teintes différentes ; on voit des zones roses, bleues, blanches : les nuées supérieures y projettent des ombres azurées qui simulent des îles fantastiques, et les rayons solaires, irisant les myriades de gouttelettes suspendues dans l'atmosphère, produisent des combinaisons de couleurs d'une beauté magique ; j'y vois toutes les nuances du prisme. L'or, le feu, le diamant, sont des comparaisons trop opaques pour exprimer la magnificence de ce lumineux océan de vapeur.

L'ombre du Pic, qui hier soir gagnait les espaces en même temps que le soleil descendait à l'horizon, offre maintenant le phénomène inverse : d'abord indistincte et éloignée, elle quitte bientôt l'île de la Gomera pour se rapprocher peu à peu, se dessinant plus nettement sur la nappe nuageuse ; elle diminue insensiblement, le sommet du triangle se confond finalement avec la base du Pic, et l'ombre s'évanouit devant le soleil triomphant.

Un lever de soleil aperçu du haut du Teyde par un temps clair doit être un des plus merveilleux spectacles qu'il soit donné à l'homme de contempler. Suivant les calculs de Humboldt, le soleil éclaire la cime du Pic douze minutes [1] avant d'éclairer la base, au niveau de la mer. D'après le même savant, la vue porte à cent lieues du haut du Pic. On prétend que la côte d'Afrique serait visible si elle n'était absolument plate. L'air est encore plus transparent au sommet du Teyde qu'à Quito, la ville qui jouit de l'atmosphère la plus pure de l'univers.

Les brumes m'ont dérobé une partie du tableau; mais ce que j'ai vu m'a suffisamment payé de mes fatigues. Si les îles les plus éloignées de l'archipel, Hierro, Fuerteventura et Lanzerote, étaient invisibles, j'ai pu voir les sommets de la Palma, de la Gomera et de la Grande Canarie : on eût dit des écueils perdus au milieu d'un océan de brumes.

La portion orientale de Ténériffe était seule visible; les vapeurs s'ouvraient en cirque du côté de Sainte-Croix, et nous pouvions, à l'aide de la longue-vue, distinguer à dix lieues les navires mouillés dans la rade. Le cirque des Cañadas s'ouvrait sous nos pieds dans un immense abaissement.

Par une étrange illusion d'optique, toutes les lignes de la perspective étaient brouillées : l'énorme cratère de la Caldera, qui n'a pas moins

---

[1] Plus exactement 11′ 51″ 8‴.

de cinquante-quatre kilomètres de pourtour, semblait n'être plus qu'une cuvette; les points les plus éloignés de la portion visible de l'île paraissaient se trouver à mes pieds; la colossale cordillère d'Anaga ressemblait à ces montagnes en miniature qui figurent sur les plans en relief. Nous dominions la contrée comme du haut d'un aérostat suspendu dans l'espace. Il me semblait que l'île se dérobait sous mes pieds, tant le paysage me paraissait petit, rétréci. J'étais sous l'empire d'une sorte de vertige, et je comprends que des voyageurs aient pu dire qu'ils ont éprouvé au sommet du Teyde la même sensation de vide qu'on éprouverait au haut du mât d'un vaisseau. Cette impression d'isolement doit être plus vive encore par un temps clair, lorsque l'île tout entière se déroule aux pieds du spectateur, depuis les rivages de la mer jusqu'à la cime du Pic.

Pendant que j'admirais les splendeurs qui s'offraient à ma vue, je me sentis saisi par le froid matinal : le thermomètre ne marquait que 3° à l'ombre, et un vent glacial me pénétrait jusqu'aux os. Je fis, pour amener la réaction, une tournée dans le cratère situé immédiatement au-dessous de la cime, sur le revers occidental du Pic. C'est une solfatare [1] de forme ovale, d'environ cent mètres

---

[1] Une solfatare est un volcan à demi éteint, qui peut rentrer tôt ou tard en activité.

de longueur, et de trente à quarante mètres de profondeur. Sur tout son pourtour se dresse une sorte de mur ruiné, formé d'énormes blocs de trachyte grisâtre.

La descente dans la solfatare ne présente d'autre danger que celui de se brûler les bottes : pour éviter cet inconvénient, il suffit de ne point stationner au même endroit. On marche sur un sol brûlant et humide, d'où s'échappent d'abondantes fumeroles de vapeur sulfureuse, que le vent chasse dans toutes les directions. Ce sol est rougeâtre, et fait contraste avec la teinte blanche que revêtent les parois intérieures de l'enceinte. Ce qui donne au terrain un aspect tout particulier, ce sont les efflorescences sulfureuses jaunes qu'on rencontre à sa surface. J'ai recueilli de beaux échantillons de soufre cristallisé : ils étaient pâteux et brûlants au moment où je les détachai du sol; ils ont durci en se refroidissant. Il y a aussi des efflorescences salines, d'un aspect blanc et cristallin, d'un goût amer et acide : elles forment, en maints endroits, des croûtes de plus d'un centimètre d'épaisseur, présentant à leur surface les formes les plus fantastiques [1].

---

[1] Le docteur Masferrer, qui a étudié ce sol, l'a trouvé constitué principalement de sulfate de soude, mélangé probablement d'un hyposulfite de la même base alcaline. La dissolution de cette substance dans l'eau distillée est acide (papier réactif); elle ne donne point de précipité par le sulfhydrique, les carbonates alcalins, le chlorure de

Le sol, mou et terreux, conserve l'empreinte des pieds, et offre si peu de consistance, que j'ai pu, à l'exemple de M. Masferrer, y enfoncer mon bâton ferré jusqu'à l'extrémité et l'en retirer chaud et humide, enduit de haut en bas de cristaux de soufre. Le sol est plus brûlant et contient une plus grande quantité de soufre au-dessous qu'à la surface, comme on peut le constater en soulevant la croûte supérieure.

On a observé que la température de la solfatare augmente chaque année, ce qui serait d'un mauvais augure. S'il en est ainsi, remarque M. Berthelot, qu'elle est pénible la pensée qui se rattache à cette observation, quand on réfléchit à la position critique des habitants de Ténériffe si le Teyde sortait un jour de son repos! *Il n'est pas une heure,* a dit un naturaliste, *qui ne puisse devenir dans cette situation la dernière de tout un peuple.*

Cette solfatare ne constitue pas le seul cratère du volcan : il en est un beaucoup plus considérable situé vers le sud-ouest et se rattachant au Pic par un contre-fort : c'est le cratère de *Chahorra,* vulgairement appelé *Pico Viejo* (pic vieux). En gravissant le rebord occidental de la solfatare,

---

platine, l'oxalate d'ammoniaque, l'ammoniaque, le nitrate d'argent; elle donne au contraire un abondant précipité par le chlorure de barium. Chauffée avec la potasse, elle dégage des vapeurs sulfureuses. Étant donnée la composition des trachytes et la vapeur sulfureuse qui s'y infiltre, l'origine de cette ubstance est très-naturelle.

j'aperçus cet autre cratère à quelque six cents mètres au-dessous de nos pieds : sa teinte brune contraste avec la blancheur du Pain de sucre. Ce volcan eut en 1798 une période de trois mois d'activité. Cordier, qui le premier le décrivit en 1803, le considère comme le principal cratère du Teyde : il ne lui assigne pas moins d'une lieue et demie de pourtour. Buch lui donne une profondeur de 140 pieds et une altitude absolue de 9,276 pieds; il assure qu'il ne put en faire le tour en une heure.

Après avoir exploré la solfatare, je voulus grimper au point culminant du Pic. Le dernier piton est si étroit, qu'il ne peut recevoir plus d'un spectateur, et que c'est à peine si l'on peut s'y tenir debout. Pendant que j'étais tout au plaisir de dominer l'une des plus hautes cimes de notre hémisphère, et que je repassais dans mon esprit les noms des illustres voyageurs qui m'y avaient précédé [1], Ignacio s'amusait à précipiter des

---

[1] Les principaux savants qui ont gravi le pic de Ténériffe sont : Edens en 1715; le Père Feuillée en 1724; Lapeyrouse en 1791; Humboldt en 1799 et 1804; Cordier en 1803; Buch en 1815; Berthelot en 1825, 1827 et 1828; Webb en 1828; Sainte Claire-Deville en 1848; Lyell en 1854; Hartung en 1854; Fritsch en 1863. A ces noms cités par M. Masferrer, j'ajouterai ceux des Anglais Sprat et Scory au dix-septième siècle, des Français Bory de Saint-Vincent et Dumont d'Urville au dix-huitième siècle. Le prince de Joinville, le prince héréditaire de Monaco et beaucoup d'autres personnages ont gravi le Pic de nos jours. M. Goblet d'Alviella, voyageur belge qui

quartiers de roc sur le versant par lequel nous allions effectuer la descente : ces projectiles mettaient deux ou trois minutes à atteindre la Rambleta, soulevant par leurs ricochets des nuages de cendres et de poussière. Je ne pouvais me défendre d'un sentiment d'effroi en songeant que nous nous livrerions aux mêmes sarabandes si le pied venait à nous tourner sur ces pentes abruptes.

Après un séjour de près de deux heures au sommet du Teyde [1], Ignacio m'avertit qu'il était temps d'aller rejoindre Miguel qui nous attendait à l'Alta-Vista. Je donnai un dernier coup d'œil à la magnifique mer de nuages que le soleil ne pouvait dissiper, à la solfatare fumante, aux sombres Cañadas qui entourent la Caldera, aux cimes lointaines de la Grande Canarie, de la Palma, de la Gomera, puis je repris le bâton de montagne.

Nous descendîmes rapidement les traînées de scories qui nous avaient coûté tant de peines à la montée, et au bout d'un quart d'heure nous nous

---

s'est distingué par différentes relations de voyage, fit l'ascension du Teyde au mois d'avril 1874. M. Masferrer, jeune savant catalan qui ne compte à Ténériffe que des amis, atteignit la cime le 2 septembre 1878, accompagné de l'ingénieur Margarit.

[1] Suivant les mesures trigonométriques de Borda, la hauteur absolue du Teyde est de 11,430 pieds. Buch lui donne 11,206 pieds sur sa table des hauteurs et 11,430 pieds sur sa carte. Fritsch lui assigne une altitude de 3,711 mètres. Ce dernier chiffre est généralement reçu.

trouvâmes au plateau de la Rambleta, au pied du Pain de sucre. Nous entreprîmes ensuite la pénible traversée du Mal-Pais, en nous détournant un peu de la route que nous avions suivie antérieurement, car il nous fallait passer par la *Cueva del Hielo*, grotte de neige où les guides ont coutume de renouveler la provision d'eau. Le Mal-Pais est encore plus terrible à la descente qu'à la montée : vingt fois je pensai m'y rompre le cou, et je considérais d'un œil d'envie l'agilité d'Ignacio, qui sautait sur les pointes aiguës des grands blocs de lave comme s'il se fut agi d'une grande route.

Nous arrivâmes à huit heures à la caverne : cette glacière naturelle s'ouvre au milieu d'une coulée de lave, à peu de distance d'un endroit où nous avions rencontré de brûlantes vapeurs d'eau, et ce n'est pas une des moindres curiosités du Teyde; le fond en est rempli d'une grande accumulation de neige qui ne fond jamais, même par les plus fortes températures. C'est là que viennent s'approvisionner les habitants de l'île pour la fabrication des sorbets. Humboldt attribue la congélation de l'eau en cet endroit à une évaporation très-rapide, dépendant des circonstances spéciales du lieu.

A côté de ce séjour du froid il régnait une atroce chaleur, qui rendait absolument insupportable la réverbération de la lave surchauffée. Miguel nous attendait en cet endroit, muni de son baril. Il descendit au fond de la glacière, suspendu à une corde que laissa couler Ignacio. Quand il eut fait une abondante provision de neige, nous poursuivîmes notre interminable descente à travers le Mal-Pais, et nous arrivâmes à l'Alta-Vista.

Nous y trouvâmes Miguel, qui avait pris les devants; chargé de son baril, il avait franchi le Mal-Pais comme une plaine unie. Nous fîmes du bouillon avec la neige fondue, et nous nous remîmes en marche vers dix heures. Me souvenant de ma mésaventure du matin, je me gardai bien de faire à cheval la périlleuse descente de l'Alta-Vista à l'Estancia. Je ne me décidai à remonter en selle que lorsque nous eûmes atteint le grand plateau des Cañadas. Il était alors midi.

La traversée des Cañadas à l'heure la plus chaude du jour est un de mes plus pénibles souvenirs de voyage. Rien ne peut donner l'idée des cuisantes douleurs causées par la réverbération des petits fragments de pierre ponce. Tous nous avions les lèvres, les narines, les yeux enflammés; mes lunettes de verre fumé ne pouvaient me protéger contre le scintillement de la plaine inondée des clartés aveuglantes du soleil au zénith. Pas un nuage au ciel, pas un coin d'ombre où nous abriter. Lorsque je descendais de cheval, les pieds me brûlaient comme au contact d'un brasier ardent. J'étais dévoré de soif, et il me semblait respirer l'air d'une fournaise.

Comment dire le bonheur que j'éprouvai quand, après deux heures de marche dans ce désert saharien, sans eau et sans oasis, nous retrouvâmes cette contrée alpestre où paissent les chèvres de Ténériffe! Ah! je n'ai jamais mieux compris le charme des climats septentrionaux, et je me suis réconcilié avec nos brouillards : je me sentais véritablement dans mon élément au milieu de ces brumes épaisses; naguère exténué, privé de forces, je retrouvais ici la vigueur et l'énergie. Avec quel plaisir je voyais gambader les chèvres au milieu des fougères et des genêts, et combien ces plantes alpestres me paraissaient plus belles que les tristes retamas de la Caldera!

Nous fîmes notre dernière halte sous le cytise au pied duquel nous nous étions reposés la veille. Vers quatre heures, nous eûmes franchi la région des nuages, et nous retrouvâmes, toujours séduisante, toujours aimable, la vallée d'Orotava. Une heure plus tard, je rentrais en ville, brisé comme on peut l'être après une course de trente-quatre heures. Mais j'avais à honneur de ne point paraître fatigué, et me tenais en selle droit comme un I, le bâton ferré sur l'épaule. C'est que je savais que beaucoup d'yeux noirs m'épiaient derrière les jalousies. J'arrivai dans cet équipage à la *Fonda del Teyde,* où m'attendait un dîner réconfortant. J'ai dormi ensuite onze heures consécutives, et la rédaction de ce récit a achevé de me *défatiguer.*

CHAPITRE XV

TACORONTE.

Santa-Ursula. — La bataille de Matanza. — Les fantaisies d'un excentrique. — L'Agua-Garcia. — Forêt tropicale.

Mes hommages présentés au Pic de Ténériffe, rien ne me retenait plus à Orotava, dont j'avais exploré tous les environs. Il me reste à faire quelques excursions dans l'est de l'île, dans le curieux district de Taganana, qui est si peu connu, et que tous les voyageurs ont négligé.

On m'avait dit que Tacoronte, localité située sur la route d'Orotava à Sainte-Croix, méritait une visite à cause des antiquités canariennes qui y ont été réunies. Je me félicite grandement de m'y être arrêté.

J'avais loué avec M. Duggi, ancien alcade de Sainte-Croix, une voiture de l'aspect le plus grotesque, juchée sur des roues énormes et attelée de trois chevaux. Dès sept heures du matin nous étions en route, et bientôt nous dominions, du haut de la côte de Santa-Ursula, cette admirable vallée d'Orotava qu'on ne se lasse pas d'aimer et sur laquelle l'habitude n'a pas de prise : ses cultures serrées en font l'une des plus riches vallées du monde. Nous passons le joli village de Victoria, et nous déjeunons, suivant l'usage, à la *venta* de Matanza.

Victoria et *Matanza* : ces deux noms, qu'on rencontre si souvent dans les colonies espagnoles, désignent toujours des endroits où se livra quelque sanglante bataille. *Matanza* signifie *carnage, tuerie.* Ce fut, en effet, un horrible carnage que celui qui eut lieu ici même il y a environ quatre siècles. Une armée de huit cents Espagnols qui marchait contre Benchomo, roi de Taoro, fut presque entièrement anéantie par les Guanches. Le frère de Benchomo, à la tête de trois cents braves, les surprit à l'improviste dans un défilé, et massacra six cents hommes. Benchomo survint au moment où les survivants fuyaient en déroute : il leur fit grâce de la vie sur les représentations de son frère. « J'ai vaincu, dit celui-ci, mais le frère du roi n'est pas un bourreau. » Cette générosité fut mal récompensée. Alonzo de Lugo, le chef des Espagnols, qui dans le combat avait eu la mâchoire brisée d'un coup de pierre, parvint à se sauver ; il rassembla les hommes qui lui restaient, recruta en Espagne une nouvelle armée, et Benchomo, écrasé par le nombre, dut capituler aux Realejos.

Nous arrivons bientôt à Tacoronte, et nous allons loger chez don Madan, un ami de mon compagnon de route. C'est un personnage fort connu à Ténériffe par ses colossales excentricités qui laissent bien loin derrière elles tout ce que le pays des Yankees a jamais vu de mieux en ce genre. Tireur émérite, il a renouvelé par pur amusement l'exploit de Guillaume Tell, en abattant de son pistolet une boîte posée sur la tête de son domestique. Sa manie la plus dangereuse est d'escamoter de la même façon les cigares que les passants tiennent à la bouche ; il aime aussi à viser les chapeaux de haute forme. Dernièrement, voyant passer un paysan devant sa fenêtre, il braque sur lui son arme ; le pauvre diable terrifié s'enfuit à toutes jambes, et pendant qu'il court, mon héros lui troue son couvre-chef. L'étude des chevaux est son occupation favorite. Il a écrit sur ce sujet de volumineux manuscrits accompagnés de fort beaux dessins, et il rayonnait de bonheur en nous les faisant feuilleter. Je n'ai vu dans sa bibliothèque que des livres relatifs à la science hippique. Il possédait autrefois un cheval arabe qu'il avait acheté au Maroc : c'était, nous disait-il avec tristesse, le meilleur ami qu'il eût au monde ; chaque matin ce cheval montait par l'escalier à la chambre de son maître et venait le caresser dans son lit, et le maître lui rendait bien cette affection. Il traversait souvent les rues de Sainte-Croix debout sur son coursier arabe lancé au galop. Quand ce noble animal mourut, il lui fit des obsèques dignes de lui. Au fond de sa demeure, on voit une porte à glace : cette porte dissimule une inscription funéraire qui marque la place où le cheval est encastré dans le mur. Il ne manque pas de montrer cette sépulture à tous ses visiteurs. Ayant perdu dernièrement son chien, il l'enterra dans son jardin, et chaque nuit il brûlait une chandelle sur sa tombe. Les gens du village se mirent en tête que l'âme du chien avait passé dans la flamme de cette chandelle, et le curé dut intervenir auprès de lui pour le prier de ne plus donner de tels aliments à la superstition de ses paroissiens. Ce misanthrope se complaît dans la société des animaux; son jardin est une ménagerie, où les singes jouent avec les écureuils, où les chats et les chiens font bon ménage avec les rats, les pigeons, les oiseaux de toutes sortes. Il possède un serpent de trois mètres de longueur, qu'il a rapporté du Maroc; dans ses promenades, il l'enroule dans la poche de sa redingote et en présente un bout en guise de cigare à ceux qu'il rencontre.

Un dernier trait achèvera de peindre don Madan. Un jour, apprenant qu'un bal a lieu à Tacoronte, il se met en tête d'y aller sans autre vêtement que ses bottes et son manteau; au plus fort de la danse, — *horresco referens*, — il jette bas son manteau et provoque ainsi une horrible débandade parmi les jolies valseuses.

Cet homme n'est pas fou : pendant les heures charmantes que nous avons passées avec lui, il n'a commis aucune extravagance. Les repas seuls, uniquement composés de conserves à l'huile, m'ont semblé étranges, et j'en digère à peine le souvenir.

Tacoronte est un joli village situé sur le haut plateau de Ténériffe. On y a une belle vue du Pic. Notre premier soin est d'aller explorer dans les environs la forêt de l'*Agua-Garcia*. Nous traversons des champs de blé et de maïs, en plein midi, par une chaleur vraiment épouvantable. Des légions de sauterelles voltigent autour de nous ; ce sont les terribles sauterelles d'Afrique : elles traversent les mers en troupes compactes, et gare aux champs où elles s'abattent ! Elles dévorent moissons, feuilles, verdure, écorce des arbres, et ne laissent après elles qu'un désert. Les sauterelles et le vent du sud sont les deux fléaux que l'Afrique envoie aux Canaries.

L'Agua-Garcia est une des rares forêts qui n'ont pas été défrichées depuis la conquête. En y entrant, nous éprouvons une impression de fraîcheur d'autant plus agréable, que nous venons de marcher pendant trois quarts d'heure sous un soleil d'enfer. Nous suivons un sentier tracé au fond d'un sauvage barranco, où croissent toutes les essences des Canaries. Des lauriers de quarante mètres de hauteur, aux troncs gros comme des tours, déploient au-dessus de nos têtes leur dôme de feuillage. Ailleurs ce sont des orangers sauvages, des ardisiers, des houx Perado, des viburnes, des mocans, et d'autres arbres étrangers à nos climats. A l'ombre de ces géants de la végétation tropicale s'épanouit un fouillis de fougères et de toutes les plantes forestières propres à Ténériffe, les renoncules, les digitales, les cistes, les menthes, les cacalies, etc. Une foule d'oiseaux au plumage vert mélangé de jaune voltigent de branche en branche; ce sont ces serins vulgairement connus sous le nom de *canaris*.

Au bout d'un quart d'heure, nous arrivons à une sorte de cirque couvert d'une épaisse coupole de verdure qui ne présente pas la moindre ouverture aux rayons du soleil et laisse à peine tamiser un demi-jour; le silence n'y est troublé que par une source qui jaillit du sol : c'est la source de l'*Agua-Garcia,* qui donne son nom à la forêt.

Je serais volontiers resté des heures entières dans cette charmante retraite, à l'ombre de ces beaux arbres touffus qui ne se dépouillent jamais de leurs feuilles. Oui, il y a encore des sites inexplorés, dont le silence, le calme, la beauté virginale, réveillent en nous l'impérissable regret de notre indépendance première! Ces sites, je les ai rencontrés dans les plus petites îles comme dans les plus vastes continents. L'Agua-Garcia de l'île Ténériffe m'a charmé autant que les solitudes des montagnes Rocheuses.

CHAPITRE XVI

LES GUANCHES.

Le musée de Tacoronte. — Momies guanches. — Méthode d'embaumement des Guanches. — Armes guanches. — Disparition de la race guanche. — Origine de cette race. — Beauté physique des Guanches. — Leurs habitations. — Leur mobilier. — Leurs industries. — Leurs aliments. — Leurs vêtements. — Leur organisation sociale. — Leurs réjouissances. — Leur agilité. — Leur religion. — Leurs prêtres. — Leurs mariages. — Leur langue.

Tacoronte possède un intéressant musée d'antiquités canariennes, créé par le curé de l'endroit. La grande attraction de ce musée, c'est une collection de momies guanches admirablement conservées. Parmi ces momies se trouve celle d'une reine : elle est accroupie sur ses genoux dans la position qu'elle occupait lors de sa découverte; pour la mieux voir, j'ai ouvert la porte de l'armoire vitrée où elle est renfermée; mais une odeur fade et nauséabonde m'a obligé à la refermer aussitôt. Le visage est horriblement contracté; les yeux, les oreilles, le nez, les lèvres, les dents, les cheveux mêmes, tout est resté parfaitement intact. Les cheveux sont lisses et longs, et ne rappellent en rien la toison crépue de la race nègre. Le corps est enveloppé dans des peaux de chèvre cousues avec du cuir et brunies par le temps.

On conserve dans des bouteilles hermétiquement fermées un onguent dont on se servait pour embaumer les corps. On a pu rendre cette substance à l'état liquide au moyen de l'alcool. J'ai débouché une des bouteilles qui la renfermaient, mais elle m'a paru complétement inodore.

A combien d'expériences, à combien d'observations répétées ne durent pas recourir les Guanches pour découvrir le secret de la conservation des corps ! A moins qu'on ne pense, comme Champollion, qu'ils tenaient cet art des Égyptiens; mais si leurs grottes sépulcrales rappelaient les hypogées des bords du Nil, leur méthode d'embaumement différait de celle qui était pratiquée dans cette contrée.

Chez les Guanches, le défunt était placé sur une grande table en pierre, où on le disséquait pour lui ôter les entrailles. On lavait ensuite deux fois par jour, avec de l'eau froide et du sel, les oreilles, le nez, les doigts, les ongles, etc. Puis on frottait tout le corps d'une sorte de beurre de chèvre, d'herbes aromatiques, de résine de pin, de poussière de bruyères, de pierre ponce, et d'autres matières absorbantes et desséchantes; on le laissait ensuite exposé aux rayons du soleil. Cette opération se faisait dans l'espace de quinze jours. A l'expiration de ce laps de temps, les parents célébraient les obsèques avec une grande pompe et un grand luxe de pleurs. Quand le corps était devenu sec et léger comme du carton, ils l'ensevelissaient et l'enveloppaient dans des peaux de chèvre ou de mouton, tannées ou brutes, et marquées d'un signe spécial pour qu'on pût les reconnaître. On déposait les rois et les principaux personnages dans une caisse de pin (*tea*), on les transportait dans les cavernes les plus inaccessibles, et on les disposait verticalement contre les parois, ou bien on les plaçait sur des échafauds avec beaucoup d'ordre et de symétrie.

Le musée de Tacoronte possède divers objets qui donnent une idée de la civilisation guanche : des poteries; des vêtements de chanvre tissé, habilement cousus avec des nerfs d'animaux; des objets de ménage, entre autres un moulin qui servait à broyer l'orge; un bâton de commandant, en cèdre; un baume que l'on brûlait en guise d'encens, etc.

Il y a surtout une collection d'armes d'un grand intérêt. Les anciens Canariens n'avaient d'autres armes offensives que les dards et les pierres, et ils ignoraient même l'usage de l'arc et des flèches. Comme ils ne connaissaient pas le fer, ils faisaient leurs dards d'un bois incorruptible qu'ils durcissaient au feu. Leurs bras vigoureux étaient leurs seules machines de guerre. Dès leur enfance, ils s'exerçaient à lancer des pierres; leur adresse était si grande, que jamais ils ne manquaient le point visé, et ils savaient donner à leurs projectiles la vitesse d'une balle de fusil. C'est par ces décharges de pierres que commençaient ordinairement leurs batailles; mais lorsque dans l'action ils en venaient aux mains, ils se servaient des lances, des dards et des cailloux.

Les *tezezes* étaient des bâtons de trois mètres de longueur qu'ils maniaient avec beaucoup de dextérité. Les *magados* étaient des espèces de massues munies aux extrémités de deux grandes boules et armées souvent de *tabonas*, ou cailloux affilés. Les *mocas* étaient des baguettes durcies au feu, et très-pointues. Il y avait encore les *banotes*, javelots en bois de pin munis vers le centre de deux petites boules entre lesquelles se trouvait la poignée. Les personnages royaux se servaient d'une lance en bois de pin nommée *añepa*.

Tacoronte, Orotava, Icod, Taganana, Anaga! Avez-vous remarqué comme ces noms ont une saveur locale qui plaît à l'oreille? On devine l'origine guanche de ces noms. Tacoronte était la résidence d'un de ces roitelets qui portaient le titre de *mencey*. Ici tout me parle des Guanches, et je m'intéresse tant à cette nation disparue, que je donnerais gros pour rencontrer un chef guanche errant au milieu de ses anciens domaines. Hélas! il n'y a plus un seul Guanche dans Ténériffe!

Il est advenu de ces pauvres insulaires ce qui advint des anciens peuples du Pérou et du Mexique : les Espagnols les ont traités avec le même mépris et la même cruauté. Deux qualités leur furent fatales : la franchise et la bonté. Ils furent mille fois trompés par leurs vainqueurs, qui abusaient de leur bonne foi. Ils ne surent d'ailleurs jamais se concerter pour faire la guerre d'après un plan commun et sous un chef unique. Ils purent lutter pendant un siècle avec leurs faibles armes, leur courage naturel et leur astuce ; mais leur timidité, et surtout leur penchant naturel pour la vie sauvage, favorisèrent leur destruction.

Alonso de Espinosa, qui écrivait cent ans après la conquête de Ténériffe, assure que le petit nombre de Guanches qui se trouvaient encore dans le pays étaient déjà entièrement mêlés aux Européens, et qu'ils ne voulaient point divulguer leurs coutumes, de crainte que cela ne tournât au détriment de leur nation. L'historien anglais Sprat écrivait vers la même époque que les Guanches ne laissaient voir à personne l'intérieur de leurs cavernes sépulcrales, parce qu'ils regardaient cette curiosité des étrangers comme une espèce de profanation; il ajoute que, malgré leur pauvreté, et bien qu'ils fussent réduits à un petit nombre, ils paraissaient encore fiers et jaloux de leurs coutumes héréditaires. Mais cette fierté n'a pas arrêté leur extinction : depuis trois siècles cette nation d'une origine énigmatique a cessé d'exister, et c'est dans les grottes sépulcrales qui leur servaient de panthéons qu'il faut aller chercher les derniers vestiges de leur race anéantie.

Les Guanches, en effet, ont de tout temps embaumé leurs morts. Les momies trouvées dans les cavernes, notamment celles de Tacoronte, montrent que ces insulaires étaient de haute taille, qu'ils appartenaient à la race blanche, que leurs cheveux, lisses et fins, souvent blonds, quelquefois roux, les distinguaient des races africaines. On a cru pouvoir, au moyen de ces indices, les rattacher à certains peuples de l'antiquité. Des égyptologues les ont fait venir des bords du Nil. D'autres en ont fait les survivants des peuples de l'ancienne Atlantide dont parle Platon dans son *Timée*, de ce continent disparu dont les derniers vestiges seraient les Canaries, les Açores, Madère et les îles du Cap-Vert. D'autres y ont vu soit des descendants de navigateurs phéniciens ou carthaginois, soit des Arabes, soit des Berbères ou des Shilloucks qui auraient fait naufrage sur ces îles. Un savant de Munich, le baron de Loehr, a même écrit récemment un gros livre où il s'attache à démontrer que les Guanches étaient d'origine germanique : ce savant voit d'ailleurs partout des Germains, même chez les Indiens d'Amérique.

Au milieu de tant d'opinions contradictoires, comment découvrir la vérité? La race a été exterminée, et avec elle se sont perdus les monuments, les traditions, les mœurs, la religion, la langue elle-même, sauf un petit nombre de mots qui nous ont été conservés.

Les historiens du temps de la conquête s'accordent à vanter la beauté physique des Guanches, leur noble stature, leur force musculaire, leur physionomie franche et sympathique. Leur teint était rosé et brun clair. Les femmes étaient d'une remarquable beauté. Les Espagnols, à qui il répugnait de s'unir avec les Maures, ne faisaient aucune difficulté de contracter mariage avec les Guanches. De ces unions est provenue la race canarienne actuelle, qui a gardé quelques-unes des qualités qui distinguaient les anciens insulaires, notamment la franchise et la générosité. C'est surtout dans la population rurale que l'on retrouve les traces du sang guanche. Les habitants des villes sont généralement de race espagnole pure; ceux de la campagne, comme le remarque de Loehr, ainsi que la classe infime de la population, ont une autre physionomie, une autre conformation physique, et même des coutumes et des mœurs différentes. M. Berthelot, qui a fait de Ténériffe sa nouvelle patrie, s'est tellement familiarisé avec ces types, qu'il a pu les reconnaître parmi les peuples innombrables qui émigrent dans les diverses parties de l'Amérique.

Si rien n'est plus incertain que l'origine des Guanches, les historiens canariens ont donné sur leurs mœurs les détails les plus minutieux. Abreu Galindo nous apprend que les Guanches habitaient de spacieuses maisons de forme circulaire, sans ciment. Le toit était formé de madriers couverts de terre; les murs étaient peu élevés, et le plancher était plus bas que le linteau de la porte; l'entrée était étroite et surbaissée. Il y a quelques années, on pouvait voir encore dans les îles de grandes maisons de Guanches, dont les charpentes étaient faites de solide bois de laurier; le foyer se trouvait placé près de la porte d'entrée; les murs intérieurs, en pierre, étaient unis, mais si épais, que l'on y pouvait pratiquer des trous qui servaient de dortoirs. Devant la maison on trouvait habituellement un grand banc de pierre en demi-cercle.

On a prétendu que les Guanches n'ont connu l'art de bâtir des maisons qu'après la conquête. Cela n'a rien d'improbable, car il est certain que les anciens insulaires avaient des habitudes de

Troglodytes : ils préféraient les cavernes à toute autre habitation. La Providence avait consulté leurs goûts, car nulle part on ne trouve un aussi grand nombre de cavernes naturelles. Ils les divisaient avec un certain art en différents compartiments, et plaçaient des bancs en pierre le long des parois.

On conçoit que le mobilier et les ustensiles d'un peuple qui vivait d'une façon aussi primitive devaient se réduire à fort peu de chose. On en conserve des échantillons dans les collections d'antiquités canariennes, et l'inventaire en est court. En pénétrant dans une demeure guanche, on voyait appendus aux murs des instruments de pêche, fabriqués avec des arêtes de poisson ou des épines de palmier, des filets de jonc, des cordes faites de boyaux d'animaux, des effets d'habillement, des sacs de peau où se conservait le gofio. Dans les coins se voyaient des lances et des dards dont la pointe était durcie au feu, des épées en bois de *tea*, des massues armées de cailloux, des rondaches en bois de dragonnier, des haches, des couteaux et autres instruments tranchants en pierre. Le long des murs étaient placés des tabourets en bois ou des siéges en pierre polie recouverts de peaux. Les ustensiles de cuisine se réduisaient à quelques casseroles de terre et un petit moulin composé de deux pierres entre lesquelles on broyait le blé. Les lits étaient faits de paille ou de fougères et garnis de pelleteries.

Les Guanches étaient laboureurs ou pasteurs. A l'époque de la conquête on ne trouva aux Canaries ni vaches, ni chevaux, ni autres bêtes de somme; mais les chèvres, les moutons, les porcs abondaient. Les troupeaux constituaient la principale richesse des familles.

Viera nous apprend qu'à Ténériffe les rois étaient seigneurs et maîtres absolus de toutes les terres labourables, qu'ils répartissaient chaque année parmi leurs vassaux, suivant leur rang et leurs mérites. Les Guanches ne possédaient donc la terre que comme usufruitiers.

Les hommes s'appliquaient à l'élevage des bestiaux, les femmes s'occupaient de moudre le gofio, d'apprêter les viandes, de préparer les fromages. Les travaux des champs incombaient aux nobles; comme ils n'avaient point de charrues, ils faisaient usage de crochets pour remuer et creuser la terre. Ils récoltaient de l'orge, des pois chiches et des fèves, des figues, des dattes. Il est peu probable qu'ils aient connu le froment.

Les plus pauvres s'adonnaient à la pêche. Outre la pêche à l'hameçon, ils avaient différentes autres manières de prendre les poissons, qui abondent sur la côte de Ténériffe. Ils savaient nager toute une nuit dans la mer, tenant d'une main une torche allumée, de l'autre un harpon en pierre ou en os, qu'ils lançaient sur les poissons attirés par la lumière. Lorsque pendant le jour une troupe de poissons se montrait près de la côte, jeunes et vieux s'élançaient dans l'eau, entouraient la troupe, et l'entraînaient vers le rivage à force de coups et de cris; on jetait ensuite les filets, et l'on réalisait une pêche abondante.

Pour éviter les conséquences des sécheresses qui sont le fléau des Canaries, les anciens insulaires avaient creusé de grandes citernes et établi une répartition des eaux sagement réglée. Dans les temps de grande sécheresse ils avaient coutume, pour apaiser la Divinité, de se réunir au fond d'une vallée où ils conduisaient leurs troupeaux. Là ils séparaient de leurs mères les agneaux et les chevreaux encore à la mamelle, puis ils mêlaient leurs sanglots aux innocents bêlements et persévéraient dans leurs supplications jusqu'à ce qu'ils fussent exaucés.

Les Guanches, de même que les Canariens actuels, atteignaient un âge très-avancé, grâce à leur frugalité. Ils se nourrissaient principalement de viandes de mouton et de chèvre et de laitage. Ils faisaient grand cas de la viande fumée. En guise de pain, ils mangeaient le gofio, qui est aujourd'hui encore l'aliment principal des campagnards. Pour réduire en farine l'orge qui formait la base de cet aliment, ils employaient un moulin en pierre qu'ils faisaient mouvoir au moyen d'un os de chèvre. Ils pétrissaient le gofio avec du sel et de l'eau, du beurre et du miel de palmier. Les pauvres qui ne pouvaient se procurer de la farine faisaient le gofio avec les racines de certaines plantes, et cette méthode se pratique encore parmi les Canariens indigents. L'eau était leur unique boisson, et de crainte de se gâter les dents, ils ne la prenaient qu'une demi-heure après avoir mangé chaud.

Les anciens Canariens se couvraient de peaux d'animaux, surtout de peaux de chèvre. Bien qu'ils eussent des moutons, ils ignoraient l'art de filer et de tisser la laine. Les Guanches de Ténériffe possédaient l'art de préparer les peaux avec une certaine perfection ; ils en fabriquaient des espèces de chemises longues, sans manches, qui s'attachaient aux côtés et se ceignaient aux hanches. Sous ce vêtement, appelé *ahico*, les femmes portaient des jupes qui descendaient jusqu'aux pieds. La partie la plus importante de l'habillement était le manteau, qu'ils appelaient *tamarco*, et sans lequel personne ne se montrait au dehors ; il servait à la fois de couverture et de costume de cérémonie ; il était orné de franges de couleurs diverses, de dessins, et de garnitures de différentes peaux. Ce manteau était muni d'un capuchon, *guapil*, semblable à celui des capucins. Les hommes aussi bien que les femmes portaient les cheveux longs. Les hommes employaient certaines herbes à se peindre les bras en vert, en rouge et en jaune, leurs couleurs favorites. Ils portaient tous des chaussures qu'ils appelaient *xercos*, mais les bas étaient le signe distinctif des nobles.

On a peine à croire qu'au milieu d'une nation aussi misérable, il y eût des pauvres, des riches, des nobles et des plébéiens! Ceux, dit Viera, qui descendaient des maisons régnantes, étaient nobles; ceux qui possédaient le plus de terres et de troupeaux étaient riches; les autres étaient plébéiens et vilains. Suivant Espinosa, les Guanches de Ténériffe enseignaient à leurs fils qu'au commencement du monde Dieu avait formé un certain nombre d'hommes, et qu'il répartit entre eux le bétail nécessaire à leur subsistance; qu'ensuite, ayant résolu de créer un plus grand nombre d'hommes, il ne leur donna point de troupeaux; et comme ils lui en demandaient, le Créateur dit : *Servez les autres, et ils vous donneront à manger*. De là provinrent les vilains, qui servaient les nobles.

Les Guanches ne connurent point l'esclavage. Ils connurent encore moins l'argent. Leurs ventes se faisaient, comme aux temps héroïques, au moyen d'échanges : du blé pour des brebis, du fromage pour du miel, des figues pour des peaux.

Parmi les réjouissances publiques en usage chez

les Guanches, il en était une qui présentait une grande analogie avec le pugilat des Grecs. Pour se disposer au combat, les athlètes s'oignaient de graisse d'animaux et de suc d'herbes; pour se fortifier les muscles, ils embrassaient le tronc d'un arbre. Avant de descendre dans l'arène, ils devaient obtenir une permission expresse des *guayres* ou conseillers de guerre; celle-ci s'accordait sans difficulté. Ils se rendaient ensuite à la *palestre*, lieu destiné à ce genre d'exercices, accompagnés de leurs parents et de leurs amis, qui remplissaient le rôle de témoins impartiaux. Dans le stade s'élevait un terre-plein d'environ trois pieds de hauteur, du haut duquel les combattants étaient aperçus de toute la multitude. De chaque côté du terre-plein se trouvait une pierre plate d'un pied et demi de large. Les deux champions y montaient, armés chacun d'un long garrot qui se terminait en massue, de trois cailloux parfaitement ronds et polis, et de quelques éclats de pierre très-effilés. Ils se plaçaient sur les piédestaux, d'où, sans mouvoir les pieds, ils devaient porter et parer alternativement les coups. Rien n'était plus surprenant que l'adresse avec laquelle ils savaient dérober le corps à l'atteinte des projectiles. Ils se rapprochaient peu à peu, et la lutte devenait de plus en plus critique. Bientôt, épuisés de fatigue, ils se retiraient quelques instants, ils essuyaient la sueur, et les parrains leur donnaient à boire et à manger. Puis ils volaient à la charge avec une nouvelle impétuosité, et quand l'un d'eux brisait son garrot, ou que les spectateurs étaient satisfaits de leur courage, la voix du président des *guayres* s'élevait et leur disait : *Gama, gama* (c'est assez). Tous deux étaient réputés valeureux, et étaient honorés comme ceux qui luttaient dans les jeux Olympiques de la Grèce.

Cette habileté des anciens insulaires à éviter les pierres et les dards était le fruit d'un exercice continuel qui commençait avec l'enfance. A peine pouvaient-ils se tenir sur leurs pieds, qu'on leur lançait des boules de terre pour les obliger à se garer. Quand ils devenaient plus grands, on leur lançait des pierres, puis des dards émoussés, et enfin des pointes très-effilées. A une telle école, comment ne seraient-ils pas devenus les meilleurs tireurs du monde ?

Antonio de Nebrixa rapporte le fait suivant, qu'il qualifie de miraculeux : Un Canarien qu'il vit à Séville pouvait, sans mouvoir le pied gauche, éviter toutes les pierres qu'on lui lançait à la distance de huit pas ; il se garait tantôt par un simple mouvement de la tête, tantôt par une retraite du corps ; et il s'exposait à ce péril pour un quarto. Abreu Galindo parle d'un Canarien qui désignait trois hommes, à chacun desquels il remettait douze oranges, en ayant soin de s'en réserver douze à lui-même; or il arrivait que le Canarien envoyait toutes ses oranges à bonne adresse, et attrapait au vol celles que lui lançaient ses adversaires.

Viera rapporte que les insulaires de Fuerteventura et Lanzarote se livraient au jeu suivant, qui dénote une agilité surprenante. Deux hommes de la plus haute stature prenaient une longue baguette, qu'ils tenaient chacun par son extrémité, en levant les bras aussi haut qu'ils pouvaient; et il se trouvait nombre de naturels qui franchissaient l'obstacle à pieds joints.

Les Guanches de Ténériffe gravissaient les montagnes avec une incroyable légèreté. Il n'y avait ni précipice ni barranco qui pût leur couper le passage, et les chèvres qu'ils poursuivaient à travers les abîmes ne pouvaient leur échapper. Les insulaires habitaient généralement des cavernes situées sur des rochers escarpés qu'on ne peut gravir aujourd'hui qu'à l'aide de cordes; et cependant ils y entraient comme nous entrons dans nos maisons; ils se servaient, dans ce but, d'une lance de neuf à dix pieds de longueur, et s'appuyant sur elle, ils sautaient de rocher en rocher, et s'élançaient ainsi sur des pitons qui n'avaient pas six pouces de largeur. Hawkins rapporte qu'il vit ces insulaires escalader de cette façon des montagnes inaccessibles, dont la vue seule fait frémir.

Les Guanches, de même que les anciens Grecs, excellaient à soulever des poids monstrueux. Espinosa assure qu'on montrait de son temps, dans le pays d'*Arico* de Ténériffe, une pierre que nul n'était capable de soulever, ni même de changer de place. Cette pierre était, d'après une tradition incontestée, celle sur laquelle s'exerçait la force des Guanches : beaucoup pouvaient la soulever, la porter aux épaules, et la lancer par-dessus la tête. Les héros du siège de Troie, dit Viera, n'en firent pas davantage.

Les Guanches avaient une religion plus élevée que celle de la plupart des peuples de l'antiquité. Jamais ils ne tombèrent dans l'idolâtrie, comme l'ont prétendu à tort quelques écrivains. Ils croyaient à un Dieu créateur, vivant dans les hauteurs, dans l'immense et majestueuse voûte céleste faite à son image, et ils l'honoraient de noms sublimes et pompeux. Ils l'appelaient *Achguoyaxiraxi* (conservateur du monde), *Achxuraxau* (grand seigneur), *Achaxucanac* (sublime). Ils l'invoquaient dans leurs calamités et s'efforçaient de fléchir sa miséricorde par des cérémonies touchantes et des rites lugubres. Ils avaient l'idée confuse d'un enfer situé dans les entrailles du Pic, et d'un génie ou principe du mal qui résidait au sommet de la montagne.

Chez les Guanches, dit Franz von Loehr[1], le

---

[1] *Los Germanos en las islas Canarias.*

père était le prêtre de sa famille ; mais il y avait, pour les actes religieux qui concernaient le peuple, un haut fonctionnaire appelé *faycan,* et dont l'importance était si grande, qu'on le considérait comme l'égal des princes ; il présidait les assemblées de juges et les spectacles publics, avait une juridiction volontaire et contentieuse en toutes matières, et c'était lui qui dirigeait et ordonnait le service religieux dans les grandes solennités. Il y avait des maisons où vivaient en communauté de jeunes prêtresses, et ces établissements étaient si vénérés qu'ils jouissaient du droit d'asile : les criminels qui parvenaient à s'y réfugier échappaient à l'action des tribunaux. Ces jeunes filles portaient de longues tuniques blanches, et étaient très-respectées par le peuple, qui leur offrait des dons volontaires. Leurs fonctions se bornaient à porter dans les processions publiques les vases sacrés, à célébrer les sacrifices, et à offrir journellement dans le temple le lait des chèvres. Les prêtresses vivaient dans le célibat aussi longtemps qu'elles restaient dans l'établissement.

La polyandrie se pratiquait chez les anciens Canariens. Bontier et Leverrier[1] assurent que les femmes de Lanzarote étaient très-belles, très-honnêtes, et généralement mariées avec trois hommes.

---

[1] *Conqueste des Canaries,* chap. LXXI.

Pour que chaque mari pût remplir ses devoirs conjugaux sans difficulté, il était d'usage qu'il ne pouvait posséder comme épouse la femme commune qu'à tour de rôle et pendant l'espace d'un mois, et que pendant les deux mois suivants il devait la servir en qualité de domestique. Grâce à cet ingénieux régime conjugal, on supprimait les inconvénients provenant de l'excès de la population mâle. L'émigration eût plus facilement résolu le problème; mais les anciens insulaires ignoraient si complétement l'art de la navigation, qu'ils ne communiquaient même point d'une île à l'autre.

Les jeunes filles fiancées devaient rester couchées pendant les trente jours qui précédaient le mariage; elles se régalaient de lait, de gofio, de viande et d'autres mets substantiels, afin de se présenter suffisamment grasses au lit nuptial : car si les fiancés les trouvaient trop maigres, ils avaient le droit de les répudier. Il était d'usage qu'elles offrissent les prémices du mariage à quelque haut personnage qui honorait les noces comme parrain [1].

De tels usages influèrent sans doute sur cette fécondité prodigieuse qui finit par embarrasser le gouvernement. Quand l'île fut entièrement peu-

---

[1] Viera, I, 171.

plée et que les naissances furent plus nombreuses que les décès, les moyens de subsistance commencèrent à manquer. La ressource de l'émigration étant inconnue et impraticable, le *Sabor* ou premier conseil de l'État eut recours au même expédient que Pharaon : il ordonna de mettre à mort tous les enfants à naître, à l'exception des premiers-nés. Cette loi inhumaine ne sévit pas pendant longtemps : la nature elle-même se chargea de dépeupler le pays, au moyen d'une épidémie qui enleva le tiers de la population [1].

Par suite de l'isolement où se trouvaient, avant la conquête, les naturels des différentes îles de l'archipel, ils ne purent se comprendre lorsque les Espagnols établirent entre eux des communications. Nuñez de la Peña en conclut que chaque île était habitée par un peuple d'origine différente. Mais Viera rejette cette opinion avec beaucoup de raison. Ne sait-on pas qu'en Amérique les Indiens ne se comprenaient pas les uns les autres à quelques journées de marche? En peut-on conclure que tous eurent une origine distincte? Et peut-on s'étonner que les anciens Canariens, qui n'eurent aucun commerce d'île à île pendant une longue suite de siècles, aient fini par modifier leur langage?

[1] VIERA, I, 171.

Il n'est pas difficile, d'ailleurs, de reconnaître l'affinité des différents idiomes que parlaient les Canariens : c'étaient autant de dialectes d'une langue mère. Les expressions se ressemblent dans leurs formes, dans leur construction. La majeure partie des mots commencent par les particules *te, che* ou *gua,* comme on peut l'observer dans les dénominations de beaucoup de localités qui ont conservé les anciens noms que leur donnèrent les naturels. Les historiens de l'époque de la conquête assurent que les Espagnols apprenaient la langue des indigènes avec beaucoup de facilité.

M. Berthelot est parvenu, à force de patientes recherches, à réunir un certain nombre de mots guanches. Il a constaté que cette langue abonde, comme la langue berbère, en sons âpres et gutturaux, et il a trouvé dans les deux idiomes des mots qui présentaient des affinités. Viera assure que les Guanches de Ténériffe parlaient peu, mais sur un ton précipité, et prononçaient du fond du gosier, à la manière africaine. Tous ces indices tendraient à prouver que les Guanches formaient une branche détachée de la grande race atlantide, dont les Berbères seraient aujourd'hui les derniers représentants. Qui sait même si la tribu berbère des Kanarr n'a pas donné son nom aux Canariens?

Sur ce point, auquel j'ai discrètement touché dans une lettre antérieure, un savant disserterait pendant deux heures. Quel bonheur d'être savant!

CHAPITRE XVII

TEXINA.

L'été à Sainte-Croix. — Le vent du sud. — Texina. — Le Castillo. — Un mets cher aux singes.

Le climat de Sainte-Croix est décidément intolérable en été. A Tacoronte la température était relativement fraîche; ici l'air est embrasé comme l'atmosphère d'un four. Je suis arrivé par une période de vent du sud, et c'est un vrai supplice : les habitants eux-mêmes en sont fort incommodés; on est continuellement en nage, et l'on voudrait toujours boire. Le seul moment agréable de la journée est celui du bain de mer : j'imite forcément les gens du pays, qui passent dans l'eau la plus grande partie de leur temps et semblent s'y complaire autant que les poissons.

C'était hier dimanche. M. Duggi est venu me prendre en voiture à sept heures du matin : résolus à fuir Sainte-Croix pendant les heures de soleil, nous nous proposions d'aller passer la journée à Texina, localité située sur le haut plateau, dans le nord, et dans l'endroit le plus frais de l'île.

Déjà à cette heure matinale la chaleur était accablante. Les chevaux, suffoqués par le *manhattan*, n'avançaient qu'à grand'peine. Nous traversons la Laguna, cette fois par une température d'enfer, qui semble démentir la réputation de fraîcheur dont jouit cette localité; mais la suite de notre excursion m'a appris que par le vent du sud les hauts plateaux de l'île sont aussi brûlants que les rivages de la mer.

De la Laguna à Texina nous parcourons une belle et large vallée, dominée par des cimes volcaniques aux formes abruptes. A Texina nous trouvons une légère différence de température : c'est, avec Tegueste, l'endroit le mieux abrité des vents du sud.

Nous déjeunons chez un riche fermier de la localité, qui vit d'une façon très-primitive dans une demeure de rustique apparence; comme il n'a pas de domestiques, il nous sert lui-même des sardines en conserve, du saumon en conserve, du jambon en conserve. Que de conserves! C'est comme chez don Madan. Je ne suis pas peu surpris de voir des vues de Paris appendues aux murs de cette maison patriarcale : notre hôte s'est payé un voyage à l'Exposition.

De Texina nous descendons à pied jusqu'au *Castillo*, à cinq kilomètres plus loin. C'est le nom donné à cinq ou six bicoques en bois situées au bord de la mer, non loin de la pointe d'Hidalgo, au lieu où s'élevait jadis un fort érigé lors de la conquête.

Cette localité n'a rien de remarquable. Les gens de l'endroit m'ont montré comme de grandes curiosités quelques filets d'eau qui se perdent dans la mer. L'eau est si rare à Ténériffe qu'on la montre aux étrangers : lorsqu'elle s'écoule dans la mer, comme au Castillo, on la considère comme un trésor perdu. Cette rareté de l'eau et la sécheresse qui règne en été sont la grande calamité du pays.

La côte basaltique du Castillo m'a rappelé la côte d'Écosse. Les montagnes sourcilleuses qui la dominent renferment des cavernes où les Guanches vivaient autrefois.

Notre retour pédestre du Castillo à Texina a été une rude épreuve : mon compagnon l'alcade me disait n'avoir jamais souffert une chaleur aussi infernale. Notre guide seul, vêtu du léger costume du pays, semblait ne pas ressentir les effets de cette atroce température.

Rentré à Sainte-Croix, j'ai dîné chez un aimable résident européen, où j'ai fait la connaissance du *zama*, le meilleur poisson des îles. Je dois mentionner aussi, à titre de curiosité, une glace au fruit du *boabab*. Le boabab est cet arbre gigantesque qui abonde au Sénégal, et dont le fruit sert de nourriture aux singes. Pas difficiles vraiment, messieurs les singes !

CHAPITRE XVIII

TAGANANA.

La cordillère d'Anaga. — Plan de voyage. — La plaine de la Laguna. — Scène matinale. — La forêt vierge. — Le Llano de los Oros. — La Cruz del Carmen. — Tableau alpestre. — Déjeuner frugal. — La forêt de la Mina. — Taganana. — Chez l'alcade.

Lorsqu'on suit la route qui mène de Sainte-Croix à la Laguna, on aperçoit vers le nord-est une longue chaîne de montagnes volcaniques qui dressent vers le ciel leurs crêtes aiguës et déchiquetées. C'est la cordillère d'Anaga. Ce système montagneux est complétement indépendant du massif qui se groupe autour du Teyde. Il suffit de jeter les yeux sur le plan en relief de l'île Ténériffe, construit par M. Berthelot [1], pour se convaincre que cette portion de l'île où s'élève la chaîne d'Anaga ne se rattache par aucune montagne au soulèvement central, et l'on peut même supposer avec quelque raison que le distric d'Anaga dut former autrefois une île distincte.

[1] Ce plan en relief se trouve dans l'hôtel du gouverneur, à Sainte-Croix.

Ces montagnes m'avaient frappé dès mon arrivée à Ténériffe par leurs formes violentes et tourmentées. Elles ont été peu explorées, et je ne connais aucun voyageur qui les ait décrites. Je viens d'y faire une excursion qui m'a pris plus de vingt heures de marche, le sac au dos, à travers les contrées les plus sauvages et les plus désertes. Je m'étais tracé l'itinéraire suivant : gagner le plateau de la *Laguna;* traverser la cordillère d'Anaga par le col de *las Mercedes;* descendre à *Taganana,* sur la côte nord-est ; gagner ensuite la pointe d'*Anaga* où s'élève un phare, et revenir à Sainte-Croix par le littoral méridional. Cet itinéraire comprend le tour entier du massif. Il n'y a pas dans tout ce district un seul tronçon de route.

Le 12 août, je prenais le coche pour la Laguna. Je passai la nuit dans une méchante posada, et le lendemain, vers quatre heures du matin, je partis à pied en compagnie d'un indigène qui se rendait à San-Andres et que j'avais engagé pour me guider à travers la *Cumbre* [1] et me mettre sur la route de Taganana. Cet homme ne m'adressait pas autrement la parole qu'en me donnant le titre de *Su Merced* [2].

En quittant la ville, nous nous engageons dans un grand *llano* [3] tout entouré de montagnes.

---

[1] La montagne.
[2] Votre Seigneurie.
[3] Plaine.

Nous marchons dans la direction des montagnes de *las Mercedes* qui ferment la plaine vers le nord-est. Le soleil n'est pas encore levé, mais déjà les nuages prennent cette magnifique teinte rose qui précède l'apparition de l'astre. Quelques hautes cimes s'irradiant aux feux de l'aurore flamboient comme de gigantesques candélabres d'or; d'autres se voilent dans les brumes matinales. Cette nature à son réveil est si calme, qu'elle semble sortir du repos comme à regret. L'air est vif, et nous marchons d'un pas allègre sur un chemin bordé de châtaigniers touffus et d'aloès.

Après une heure de marche, au moment où les premiers rayons du soleil illuminent la plaine, nous nous engageons dans la montagne, cheminant de compagnie avec de jeunes paysannes dont la jupe courte se relève au souffle du vent et laisse voir des jambes nues d'un galbe qui eût fait l'admiration de Rubens. Il y a chez elles, à n'en pas douter, du sang guanche.

La plaine fuit derrière nous, inondée de lumière : par une illusion d'optique, elle semble monter vers l'horizon, et telle est la transparence de l'air, que les arbres les plus éloignés se dessinent avec la plus grande netteté. La petite ville de la Laguna, avec ses clochers, se détache blanche comme la neige au milieu du llano verdoyant. Et comme cadre à cette idylle, des cimes étincelantes formant une enceinte de plus de dix lieues de pourtour.

Après avoir gravi quelque temps, nous pénétrons sous les frais ombrages de la forêt de las Mercedes, où je retrouve tous les arbres à feuilles épaisses et persistantes que j'avais admirés déjà à l'Agua-Garcia. Nous suivons un sentier courant au milieu des fougères le long d'un torrent dont les eaux qui tombent en cascatelles sont d'une merveilleuse limpidité. Au-dessus de nos têtes se déploie une voûte de verdure que ne peuvent traverser les rayons solaires. L'air est tout imprégné des parfums de la forêt vierge. Les fauvettes, les serins chantent dans les fourrés, les papillons nous frôlent le visage.

En quittant ce site frais et ombreux, nous débouchons dans le *Llano de los Oros*. A cette hauteur, le vent fait rage, et la température me rappelle celle que j'éprouvai au sommet du Teyde. Des bruyères et des fougères, voilà toute la végétation de ces régions élevées : on se croirait dans quelque site désolé des Alpes. Un moment nous voyons s'ouvrir une échappée sur la cordillère; mais cette vision ne dure qu'un instant, car nous avons atteint la région des nuages.

Par un temps clair, nous pourrions voir se dérouler à nos pieds le splendide panorama du massif central de Ténériffe dominé par la pyramide du Teyde, vers le sud-ouest; mais les brumes s'accumulent autour de nous, fuyant au souffle du vent avec une rapidité vertigineuse, et nous dérobent complétement l'horizon de ce côté. Mon guide m'assure que ces brumes règnent toujours par le vent du nord. Une éclaircie momentanée nous laisse voir, vers le nord, la nappe azurée de l'Océan, qui brille à quelque mille mètres plus bas, derrière des montagnes jaunes et stériles.

Nous atteignons à six heures le sommet de la *Cumbre*. La brume est plus épaisse que jamais. Au point culminant on a érigé une croix connue sous le nom de *Cruz del Carmen* : nul ne passe devant cette croix sans l'embrasser, et mon guide se conforme à cet usage tout espagnol. En cet endroit s'ouvrent deux chemins parallèles : mon guide m'explique que l'un est réservé aux hommes, l'autre aux femmes; en effet, les femmes qui nous accompagnent prennent le chemin de droite, tandis que nous nous engageons dans celui de gauche. C'est un chemin creux qui court au milieu des bruyères, taillé dans un sol rouge brique.

Après avoir marché pendant une heure sur le plateau parfaitement plane qui couronne la montagne, nous contournons un profond barranco qui s'ouvre à droite en entonnoir, et d'où les vapeurs montent vers nous comme des nuages d'encens. Dans cette vallée alpestre paissent quantité de chèvres noires, agitant leurs clochettes. Cette scène me rappellerait la Suisse si, par une trouée, je n'apercevais dans le lointain un coin de la mer. Nous laissons à droite un petit sentier qui descend au fond du barranco et qui, m'assure mon guide, nous mènerait en quelques heures à Sainte-Croix à travers la *Cumbre*.

Vers huit heures du matin, nous arrivons à la bifurcation du chemin : la branche de droite mène à San-Andres, celle de gauche à Taganana. Le moment est venu de me séparer de mon guide. Le brave homme me restitue mon havre-sac; j'en tire des provisions, et nous déjeunons ensemble. Des œufs durs, du saumon d'Orégon en conserve, du pain sec et une bouteille de bière du pays nous fournissent les éléments d'un excellent repas. Tout en mangeant, j'observe mon homme du coin de l'œil : à la vue de toutes ces bonnes choses qui valent mieux que son gofio quotidien, une expression de contentement brille sur sa bonne figure épanouie ornée d'une paire de moustaches rousses. Qu'est-ce donc quand je lui paye son dû! Quelle explosion de joie contenue!

Nous nous quittons comme à regret, et pendant longtemps je garde l'image des moustaches rousses. Je parierais qu'il y a du guanche dans ces moustaches rousses!

Mon petit bagage sur les épaules, je poursuis

ma route à travers un pays d'une magnifique sauvagerie. Il faut avoir cheminé seul au sommet des montagnes, au milieu des rafales et des nuages, pour comprendre ce qu'il y a de réconfortant à se baigner dans les fortifiants effluves de la nature. D'où vient cet irrésistible attrait que l'homme civilisé trouve dans la vie sauvage? Ne lui rend-elle pas sa liberté perdue? Ah! je rougis de le dire : je n'ai jamais soupiré après ma patrie dans les contrées où m'a conduit ma nostalgie des horizons nouveaux; mais que de fois, assis au coin du foyer, je me suis pris à soupirer devant les lointaines visions que me retraçaient de chers souvenirs de voyage!

Je descendais d'un pas léger, jouissant de la vie par tous les pores, un sentier ravissant. Au-dessus de ma tête, les arbres entrelaçaient leurs rameaux séculaires; une puissante végétation de fougères s'épanouissait au pied de leurs troncs gigantesques. Les feuilles laissaient tomber sur mes épaules les gouttelettes que les nuages y avaient déposées : cette rosée, dont j'étais depuis longtemps privé, me rappelait nos climats et me causait un plaisir qu'on ne peut bien apprécier que sous les tropiques. Il régnait à ces hauteurs un silence profond, interrompu seulement par le frémissement des feuilles humides qui s'agitaient au souffle du vent.

La forêt de la Mina, où je me trouvais en ce

moment, dépasse en beauté les plus belles forêts des Alpes. Les lauriers sauvages, d'une taille prodigieuse, disparaissent sous un épais vêtement de mousse, et sur ces mousses croissent à l'envi des plantes parasites étrangères à nos forêts du Nord. Cette riche végétation est due à l'humidité constante qui règne dans cette zone des nuages. Le sol est tout détrempé par l'eau qui dégoutte des arbres. Je me serais cru dans quelque forêt vierge des Andes, plutôt que dans cette île Ténériffe, qui sur le globe terrestre n'est qu'un point presque imperceptible.

Pendant deux heures entières je me suis enivré de mystère, d'ombre et de solitude, jusqu'à ce que j'aie vu luire enfin à travers les arbres un rayon de soleil qui m'a découvert une échappée sur l'Atlantique. Durant toute la descente, je ne rencontrai qu'un bûcheron qui s'étonna grandement que j'eusse osé m'aventurer tout seul à travers ces déserts.

Il pouvait être neuf heures quand j'arrivai dans la verdoyante vallée de Taganana, qui s'étend entre la mer et les montagnes. Elle est dominée par deux immenses rochers qui semblent sortir des entrailles de la terre : leurs cimes taillées en pain de sucre sont sublimes d'aspect. A gauche, un contre-fort rocheux aussi roide qu'une muraille descend de la *Cumbre*. Tout au fond de l'entonnoir est couché comme un nid le village de Taganana avec ses toits rouges. Au sortir de la zone tempérée, je retrouvais ici une température torride et une végétation tropicale : des palmiers, des citronniers, des agaves et des nopals. Des papillons et des demoiselles aux ailes diaprées voltigeaient au soleil.

J'allai frapper à la porte de l'alcade, à qui m'avait adressé l'alcade de Sainte-Croix. Dans ce pays, comme dans l'intérieur de l'Amérique espagnole, il n'y a point d'auberges, hormis à Orotava, et c'est chez les principaux habitants de l'endroit qu'il faut demander l'hospitalité.

Don Santiago Negrin, — c'était le nom de l'alcade, — travaillait à son champ, et un de ses enfants l'alla chercher. Mon arrivée dans cette localité isolée du monde était évidemment un événement, car je me vis bientôt entouré de toutes les vieilles commères et de tous les enfants du village. Parmi les enfants je remarquai une petite blonde d'une ravissante beauté : je la questionnai, elle me dit, avec un accent qui trahissait une origine galicienne, qu'elle était la fille du *torrero*. « Ton père tue donc les taureaux ? » lui demandai-je assez surpris, car je n'avais pas encore entendu dire qu'il y eût à Ténériffe un cirque de taureaux. *No, señor !* fit l'intelligente enfant ; et elle ajouta avec un fin sourire qu'il y a *torrero* et *torero*. Un *torero* est celui qui combat les taureaux dans l'arène; un *torrero* est le gardien d'une tour ou d'un phare. Le soir même je devais rencontrer le torrero au phare érigé à la pointe d'Anaga.

La chambre rustique où l'on m'avait introduit n'avait pour tout plancher que le roc du sol. Au plafond séchaient des épis de maïs. Aux murs, des images de saints. Deux vieux lits en bois de pin, quelques chaises boiteuses formaient l'ameublement de cet intérieur canarien. Pendant que je notais tout ceci dans mon carnet, les enfants suivaient mon crayon d'un œil curieux, et les femmes semblaient se dire entre elles : « Il est drôle, l'étranger. » Puis voici venir don Santiago. Le bon alcade s'excusa de ne pouvoir m'offrir autre chose qu'un méchant potage et une tasse de café ; mais il insista pour me faire coucher chez lui. *Mi casa esta a su disposicion.* Braves gens ! leur hospitalité, si pauvre qu'elle fût, n'en était certes pas moins sincère.

CHAPITRE XIX

ANAGA.

Aspect de la vallée de Taganana. — Chemin en corniche. — Délicieux instants. — Une plage ardente. — Hospitalité des Canariens. — Le long des précipices. — Phénomène atmosphérique. — Le promontoire d'Anaga. — Le phare. — Don Bernardo. — En côtoyant les abîmes. — Les euphorbes. — Igueste. — San Andres. — Retour à Sainte-Croix.

De Taganana je voulais gagner le même jour le phare d'Anaga, en suivant le littoral nord-est. On compte six heures de marche entre ces deux points : étape analogue à celle que je venais de fournir. Je me remis en route à midi.

La vallée de Taganana est un de ces sites que l'on quitte à regret. Quand on arrive au repli de terrain où l'on va la perdre de vue, il faut se retourner et recommander à sa mémoire le joli village étagé sur la montagne et dominé par un antique dragonnier, et l'admirable enceinte de rochers aux crêtes dentelées, qu'on prendrait pour des châteaux forts, et les deux immenses tours de *los Hombres*, si régulières qu'il semble que les hommes d'une race inconnue y aient appliqué l'équerre. Un coin des Alpes italiennes au bord d'une mer bleue comme le lapislazuli ! Cette vallée fantastique rappellerait les merveilleux paysages que j'ai vus au pays des Dolomites, n'était l'aspect bien différent que lui donne une végétation tropicale. Taganana et Icod sont, dans un genre distinct, les deux perles de Ténériffe. Icod est le site qui séduit et fascine, le jardin d'Armide où l'on voudrait vivre; Taganana est le site qui subjugue, qui étonne par sa beauté grande et sévère. L'un et l'autre site sont inoubliables.

Je m'acheminai par un sentier bordé de figuiers d'Inde et de monstrueux agaves en fleur. Au-dessus de ma tête un rocher superbe s'élançait dans les régions du vertige : sa paroi, déviant de la verticale, se penchait affreusement vers la mer, qu'elle dominait de quelque mille mètres. Trois ou quatre dragonniers, suspendus dans le vide, ont trouvé moyen de croître sur cette muraille inaccessible. Je trouve dans mon carnet les mots *sublime*, *effroyable*, qui seuls peuvent peindre un pareil paysage. Le sentier est taillé en corniche sur les flancs du roc, à plus de deux cents mètres au-dessus de la mer, et rien n'est si beau que de voir l'Atlantique se briser au fond de l'abîme contre d'énormes basaltes. Tout ce littoral est semé d'écueils et de récifs, et plus d'un navire s'y est perdu. Un de ces écueils, le roc d'Anaga, n'a guère moins de deux cents mètres de hauteur. Lorsque, à un détour du chemin, on le voit surgir au loin dans la mer, on le prendrait pour une tour cyclopéenne bâtie au milieu des flots.

A une heure de marche de Taganana je rencontrai quelques huttes en pierres sèches, mais je n'y trouvai d'autres habitants que des lézards; ces huttes servent probablement de refuge aux bestiaux en hiver. Poursuivant ma route, j'arrivai bientôt dans un charmant barranco où murmurait un ruisseau sous un fouillis d'ignames. Le site me parut propice pour y déjeuner. Assis à l'ombre d'un rocher, je fis sauter le bouchon de la bouteille après l'avoir rafraîchie dans le ruisseau. Mon repas ne brilla ni par l'abondance ni par le choix des mets : des figues et une tranche de pain frais que j'avais reçue de l'alcade en composèrent tout le menu; mais la marche à travers la montagne m'avait fourni cet assaisonnement que le philosophe grec recommandait au tyran de Syracuse. Le délicieux moment que j'ai passé dans ce site ignoré, à écouter le murmure du ruisseau qui courait au milieu des ignames ! Je songeais aux bergers de Virgile, au dieu Pan, au jardin des Hespérides, aux Champs Élysées; tous les souvenirs de la classe de poésie me traversaient l'esprit, et je me sentais si loin de l'Europe, là, tout seul dans ce coin perdu de Ténériffe ! Je n'eusse pas échangé toutes les jouissances factices de notre civilisation contre mon pain sec ni contre les quelques instants de vraie liberté passés au fond de mon barranco.

Il n'est rien de plus facile que de s'égarer dans le dédale de barrancos qui échancrent le littoral fantastique de Ténériffe. J'avais cru, à l'inspection de la carte, qu'il me suffirait de suivre le littoral pour gagner la pointe d'Anaga, et j'avais dédaigné de me faire accompagner d'un guide. Mal m'en prit, car en voulant éviter les détours de la côte, je me perdis complétement. Je rencontrai fort à propos un indigène qui s'en retournait chez lui; non content de m'indiquer ma route, il se mit à cheminer avec moi, et voulut même porter mon petit bagage qu'il me prit de force. Il me mena par une plage affreuse, couverte d'un fin sable noir qui n'est que de la basalte effritée, et qui brûle les pieds comme de la cendre chaude : j'en pris une poignée que je dus rejeter aussitôt, tant il était surchauffé par le soleil. Le sol cuisait la face par réverbération. La traversée de cette plage ardente, à l'heure où le soleil est au zénith, est un supplice plus intolérable encore que la terrible traversée du grand cratère du Teyde.

Nous ne laissâmes cette fournaise que pour gravir une paroi basaltique offrant une pente de

45°. C'était tomber de Charybde en Scylla. J'étais en nage et haletant, à bout de forces. Mon nouveau compagnon me raconta que l'année dernière deux voyageurs faillirent mourir ici, succombant de chaleur et de fatigue, et je n'eus pas de peine à le croire. Nous arrivâmes à trois heures devant une pauvre cabane : c'était la demeure du bon Canarien. Il m'invita à entrer, et me fit servir par sa femme des œufs et un verre d'eau, s'excusant de n'avoir pas de vin. Le Canarien ne vend pas l'hospitalité ; il me restait heureusement quelques cigares, et c'est tout ce que je pus lui faire accepter en échange de ses bons procédés.

J'avais à peine quitté cette maison hospitalière, que je me trouvai fort embarrassé devant une bifurcation du chemin ; comme il arrive d'ordinaire en pareille circonstance, je me trompai dans mon choix ; mais le paysan charitable m'avait suivi à mon insu, et courut me sauver encore une fois de ma situation critique.

Qu'il y a loin de ces mœurs douces et affectueuses à celles de certains districts de l'Espagne, où l'étranger serait chassé comme un être malfaisant ! J'ai rencontré en Norwége et dans d'autres contrées primitives des populations bienveillantes et hospitalières, mais je doute qu'aucune puisse rivaliser à cet égard avec les bons *Isle-*

ños [1]. Heureux pays, où l'on ne peut faire un pas sans trouver sur son chemin un guide, un ami, un frère! Ces mœurs charmantes se retrouvent généralement dans les îles fertiles jouissant d'une température égale.

Mon aimable indigène ne voulut pas regagner sa demeure qu'il ne m'eût conduit jusqu'au pied d'une falaise à pic; il fallut la gravir par un étroit sentier de chèvre qui n'avait pas six pouces de largeur. Ce sentier côtoie un abîme vertigineux qu'il ne fait pas bon regarder en face si l'on n'a la tête sûre. La seule végétation qui croisse sur la falaise est l'euphorbe des Canaries, plante étrange qui ressemble à un candélabre à plusieurs branches, dont la fleur rouge simule la flamme. En maints endroits, j'en fus réduit à ramper sur les pieds et sur les mains, sans quoi le vent qui soufflait pas rafales m'eût précipité dans l'abîme : ce vent en voulait surtout à mon casque, qui faillit maintes fois s'en aller tout droit à la mer. Je ne me rappelle pas sans frémir un passage où il n'y avait aucune trace de sentier, et où le roc était si incliné qu'il fallut me déchausser et grimper nu-pieds. En de telles circonstances, je m'imagine être observé par un de mes collègues du club alpin français, et cette pensée m'enhardit et m'encourage.

---

[1] *Isleño* signifie insulaire. On donne généralement ce nom aux ndigènes des Canaries.

A cette pénible escalade succéda une descente fastidieuse vers un nouveau barranco. Je m'amusai à lancer des quartiers de roc au fond des précipices et à suivre des yeux leurs effroyables paraboles; mais la vue de deux chèvres qui fuyaient effarées sur des parois escarpées me fit bientôt renoncer à ce jeu; je ne m'étais pas douté de la présence de ces pauvres bêtes au fond de ces affreux abîmes. En ce moment, je remarquai un splendide phénomène atmosphérique. Tous les pics de la cordillère d'Anaga étaient noyés dans l'ombre projetée par les nuages; mais les rayons solaires, se frayant passage à travers une échappée, formaient une immense gerbe lumineuse qui faisait miroiter l'Atlantique. Du sein de ce radieux faisceau de lumière surgissait le pic de l'*Hidalgo*, aussi régulier qu'un pain de sucre.

Il était cinq heures du soir quand, à un détour du chemin, j'aperçus le phare d'Anaga, juché sur un promontoire élevé qui forme la pointe orientale de Ténériffe. En le voyant si haut, je fus pris d'un sentiment de découragement; il y avait déjà treize heures que j'étais sur pied. Je hélai un paysan qui se reposait sur le seuil de sa cabane, à cent mètres du chemin; il accourut aussitôt, me déchargea de mon havre-sac, m'offrit du gofio et alla me puiser de l'eau fraîche bien haut dans la montagne. L'eau et le gofio constituent l'ordinaire de tout paysan canarien, et j'ai peine à comprendre que ces insulaires soient si vigoureux avec un si triste régime.

Mon homme, que j'avais prié de me guider par la montagne, m'entraîna par un sentier de chèvre suspendu au-dessus de vertigineux abîmes; c'est cependant le seul chemin qui mène au phare; un habitant de Sainte-Croix y a perdu la vie tout récemment. Les gens du pays poussent l'audace jusqu'à s'aventurer à cheval sur cette périlleuse corniche!

L'escalade du Teyde m'a coûté moins de peines que celle du promontoire d'Anaga. Épuisé, haletant par suite d'une marche interminable sous un soleil torride, je ne pouvais plus faire dix pas sans m'arrêter, et ce fut avec un soupir de satisfaction que j'arrivai vers six heures et demie du soir au phare tant désiré.

Là m'attendait un accueil touchant. Le *torrero*, don Bernardo, un Galicien de bonne race, sa femme et son fils m'entourèrent de leurs soins, me versèrent d'excellent *tinto*, me préparèrent de la soupe, une *tortilla*, du café, et voulurent même ouvrir une boîte de homards en conserve; mais depuis la veille je ne vivais que de conserves, et à ma demande la boîte fut respectée. Ces bonnes gens ne pouvaient comprendre que je fusse venu de la Laguna en une journée, et tout seul. Et franchement, si j'avais connu toutes les difficultés de la route, j'eusse accepté l'offre que m'avait faite l'alcade de Taganana de dormir chez lui. Je ne conseillerai à personne de faire en un jour une si longue étape. Dans les Alpes, j'ai fait souvent des marches beaucoup plus considérables; mais dans les pays chauds on n'a point la même vigueur.

Le soir, je fis une ascension à la tour du phare. Elle s'élève à 247 mètres au-dessus du niveau de la mer et à 12 mètres au-dessus du sol. L'appareil a été construit par un ingénieur français; il donne une lumière fixe avec étincelles toutes les trois minutes, ayant une portée de 35 milles. C'est le seul phare de premier ordre qu'il y ait dans tout l'archipel des Canaries. Il a été établi en 1861.

La maison du garde est jointe à la tour. Bernardo me réserva, pour passer la nuit, la chambre de l'ingénieur, la meilleure de l'habitation. Pendant toute la nuit le vent fit rage, et pour la première fois à Ténériffe j'éprouvai la nécessité de recourir aux couvertures de laine : c'est que le promontoire d'Anaga, exposé à l'est et à l'abri des vents du sud, jouit d'une température beaucoup plus fraîche que les autres parties de l'île.

Le lendemain, je fis seller un poney que mon guide de la veille avait été chercher dans les environs. La famille Bernardo voulait me retenir plusieurs jours. Ces pauvres gens vivent absolument isolés du monde au sommet de leur rocher, et l'arrivée d'un étranger est pour eux un événement dont ils s'entretiennent longtemps : ils avaient continuellement sur les lèvres le nom du docteur Verneau, qui visita le phare d'Anaga lors du voyage scientifique qu'il fit l'année dernière à Ténériffe.

A huit heures du matin, je prenais congé de mes hôtes pour retourner à Sainte-Croix par le versant méridional de la cordillère d'Anaga. Sur ce versant, les chemins sont pires encore que du côté nord. En consultant la carte, on croirait pouvoir atteindre en une demi-heure le petit village d'Igueste, la première localité qu'on rencontre à partir du phare : or je n'ai pas mis moins de cinq heures à effectuer ce trajet. C'est que ce pays volcanique est tellement découpé par des arêtes en lame de couteau, des rochers à pic, des barrancos, des gouffres, que la route en est décuplée. En fait d'excursions équestres, c'est bien la plus périlleuse que j'aie jamais faite depuis que je parcours des montagnes. Je la recommande à ceux de mes collègues du club alpin qui aiment les émotions vives. Mon petit poney a accompli là des tours de force réellement impossibles, et quand je songe à tous les mauvais pas dont il est venu à bout, je crois me rappeler un affreux rêve. Mais le pays vaut bien les dangers qu'on court pour le voir. Quelle nature âpre et farouche! quelles austères solitudes! quelles retraites silencieuses! Et comme ce grandiose se grave pour toujours dans la mémoire! Un ciel sombre et terne donnait au tableau un aspect sinistre : je me serais cru dans les étranges contrées décrites dans les ballades allemandes, surtout quand, au sommet des crêtes vertigineuses, j'étais assailli par les rafales et par une pluie battante.

J'étais moins préoccupé de la sublimité de pareilles scènes que des dangers qui m'environnaient. Au moindre faux pas de mon cheval, je me serais infailliblement abîmé avec lui dans d'effroyables précipices. Aussi, me souvenant de ma mésaventure du Pic, j'ai fait à pied la plus grande partie du chemin, tirant le poney par la queue tandis que le guide le conduisait par les rênes. La pauvre bête, que j'eusse mieux fait de laisser à l'écurie, flairait le danger et implorait notre aide aux mauvais pas. Le sentier présentait tantôt un escalier taillé en gradins abrupts, tantôt une déclivité rocheuse inclinée de 45°, ou une pente glissante où il n'y avait point de prise au sabot d'un cheval. Et partout ce chemin en corniche côtoyait les royaumes du vertige.

J'avoue mon impuissance à décrire ce pays tourmenté, ces barrancos qui dépassent en sublime horreur les sites les plus incroyables que puisse créer une imagination extravagante : véritable cauchemar d'une nature en délire.

Dans ces barrancos il n'y a d'autre végétation que les euphorbes et les nopals, les seules plantes qui puissent croître sur des roches presque verticales. Les euphorbes se développent beaucoup mieux sur ce versant que du côté nord : ils s'accrochent à toutes les anfractuosités des rochers, dans les lieux les plus arides, et nulle part au monde ils ne sont aussi nombreux : il y en a des myriades. Leurs tiges épaisses ont trois ou quatre pieds de hauteur; elles sont coudées à la base et présentent quatre angles, quelquefois cinq. Les faces sont parfaitement planes, tandis que les arêtes sont garnies d'épines géminées. L'euphorbe des Canaries renferme un suc qui a l'aspect et l'odeur du lait; mais il a une saveur âcre et repoussante. Lorsque la plante est desséchée, elle a la légèreté du sureau sec, et l'on peut l'utiliser pour le chauffage.

Vers midi, nous déjeunons au fond d'un ravin, au bord d'une source. Suivant la mode du pays, nous nous servons de feuilles d'igname en guise de coupes.

J'ouvre une boîte de *corned beef* de Chicago, je débouche ma dernière bouteille, et je partage mon modeste avoir avec mon guide : ce brave homme, qui n'a jamais mangé que du gofio, me dit que c'est la première fois de sa vie qu'il goûte ces choses. Quand je remontai en selle, la courroie de l'étrier gauche se rompit, et comme nous n'avions pas le moindre petit bout de corde, il fallut poursuivre la route avec un seul étrier et monter en selle du pied droit, ce que je fais plus difficilement que de porter une botte de la main gauche.

Au bout de cinq heures de marche par les plus périlleux zigzags, nous débouchons dans le verdoyant vallon d'Igueste, une oasis après d'affreux déserts ; on y retrouve la végétation des tropiques et une température de serre chaude. Au delà d'Igueste, nous suivons continuellement la mer, tantôt sur la plage, tantôt sur des corniches aériennes, allant de vallée en vallée, de barranco en barranco. San Andres est le seul village qu'on rencontre sur ce long parcours : nous y trouvons tous les gens endormis à l'ombre de leurs maisons, ce qui est assez excusable par cette chaleur torride. Par intervalles le cône du Teyde nous apparaît, émergeant à dix lieues de distance dans un ciel chauffé à blanc. Puis c'est Sainte-Croix qui se montre au fond de sa rade, comme un mirage qui semble reculer devant nous : pendant trois heures nous voyons tour à tour apparaître et disparaître cette lointaine vision, suivant que nous sommes au sommet des montagnes ou au fond des vallées.

Quand j'arrivai à destination, à cinq heures

du soir, j'étais rompu de fatigue, accablé de chaleur, mourant de faim et de soif. Je ne pus résister à l'imprudent désir d'aller, avant de dîner, me plonger dans la mer, et j'en retirai le plus grand bien. Mes chaussures étaient dans un état si lamentable, qu'il fallut envoyer chercher le bottier.

Cette excursion aux montagnes d'Anaga comptera parmi mes plus beaux souvenirs de voyage.

CHAPITRE XX

LA GRANDE CANARIE

Le *Chasseur* et le *Hussard*. — Les *Vosges*. — Un bain inattendu. — La Grande Canarie. — Les Palmes. — Aspect de la ville. — Le port de la Luz. — Santa Catalina.

J'ai pris congé de mes amis de Sainte-Croix, et me voici à bord d'un joli petit paquebot de la ligne Paquet, de Marseille, qui va me conduire aux plages africaines. J'attendais depuis trois jours l'arrivée de ce paquebot, et après la vie variée que je menais depuis un mois, cette inaction forcée me pesait. Rien n'est plus contraire à mes instincts que de séjourner dans une petite ville dont j'ai épuisé toutes les curiosités.

L'arrivée de deux avisos français, le *Chasseur* et le *Hussard*, est venue apporter une heureuse diversion à ma vie désœuvrée. Ces deux bâtiments de guerre tout flambants neufs vont faire une campagne de trois ans dans le Pacifique. Le *Hussard* est commandé par le vice-amiral Parisot, le *Chasseur* par le commandant Fleuriet, que l'observation du passage de Vénus à Pékin a rendu célèbre. Le fils du ministre de la marine se trouve à bord du *Chasseur* en qualité de premier lieutenant. Ces messieurs m'ont gracieusement invité à dîner à leur bord avec le consul de France. Au nombre de leurs engins de guerre il y a un canon-revolver que j'avais déjà vu à l'Exposition de Philadelphie, dans le compartiment des États-Unis : on le fait manœuvrer au moyen d'une manivelle, exactement comme on jouerait l'air de *Lucie* sur un orgue de barbarie. Parmi les lettres destinées à l'équipage du *Hussard*, nous en avons vu une adressée à ***, *matelot à bord du* Hussard, *sur le pic de Ténériffe*. On n'a rien trouvé de mieux depuis le fameux char de l'État de Joseph Prudhomme.

Pour en revenir à mon paquebot, qui a nom *les Vosges*, c'est un transatlantique de petit modèle : il a fait pendant plusieurs années le voyage de Lisbonne à Rio ; la compagnie Paquet l'a acheté récemment à une compagnie portugaise. Il me paraît bien aménagé, bien que j'eusse préféré le salon sur le pont, comme à bord du *Dom Pedro*.

Ce soir, en voulant sauter dans le canot qui devait me transporter à bord, j'ai eu une assez sotte aventure. L'escalier du môle est couvert d'un tapis de mousse marine que la vague rend extrêmement glissante; au moment où j'atteignais la dernière marche, prêt à m'élancer dans la chaloupe, que la houle faisait terriblement danser, cette maudite mousse m'a fait faire un plongeon nattendu dans la mer. Il y a plusieurs mètres d'eau en cet endroit; mais comme je ne nage pas trop mal, même tout habillé, j'en ai été quitte pour un changement de costume. Hier l'amiral Parisot a failli avoir la même aventure, et mes gens m'ont dit de l'air le plus naturel du monde que cela arrive à peu près tous les jours. Voilà bien les Espagnols! Il serait bien facile d'enlever chaque semaine la mousse qui végète sur les marches en pierre de l'embarcadère; mais la municipalité préfère voir les gens se noyer et se casser bras et jambes.

Le steamer a levé l'ancre à minuit, et dès cinq heures du matin nous étions mouillés devant *Ciudad Real de las Palmas,* la ville des Palmes, capitale de la Grande-Canarie. Cette île est une des plus importantes de l'archipel des Fortunées : elle n'est qu'à quinze lieues sud-est de Ténériffe, et du haut du Teyde je l'avais aperçue très-distinctement. Elle a 67 kilomètres de longueur et 64 de largeur, et compte une population de 70,000 âmes. Cette île n'a point la forme irrégulière de Ténériffe : elle est parfaitement circulaire. Elle est très-fertile, et Humboldt l'a appelée le grenier de l'archipel. Ledru assure que dans quelques cantons on obtient deux récoltes de froment par année. On y cultive la cochenille, les céréales, le tabac, la pomme de terre, les olives, la vigne, les fruits, le miel, la cire, et l'on y élève des bœufs, des chèvres et des moutons.

En montant sur le pont, j'ai été ravi du coup d'œil pittoresque que présente la ville des Palmes, vue du large : elle est bâtie en amphithéâtre sur une colline, et rappelle Lisbonne. Une bande de nuages couvrait le paysage environnant, mais à l'arrière-plan les cimes lointaines de l'île se détachaient sur le ciel bleu, éclairées par les premiers feux du soleil. La ville des Palmes se présente de loin beaucoup mieux que Sainte-Croix.

Notre bateau devait s'arrêter ici une journée entière : c'était assez pour se faire une idée de la ville. Débarquer aux Palmes n'est pas chose aisée : la houle secouait notre chaloupe comme un fétu de paille, et il fallut manœuvrer l'aviron pendant une grande demi-heure. Il est rare que la mer ne soit pas agitée devant les Palmes, dont la rade est absolument découverte; aussi les navires d'Europe préfèrent-ils relâcher à Sainte-Croix, qui offre un mouillage plus sûr. A une lieue des Palmes se trouve un petit port mieux abrité, qui a nom

Puerto de la Luz : c'est là que les navires se réfugient en cas de mauvais temps.

J'ai été frappé du caractère oriental des Palmes : on se croirait plutôt dans une ville arabe que dans une ville espagnole : l'aspect des habitations, les ruelles irrégulières et montueuses, le type même des habitants, tout rappelle le voisinage du Maroc. Ici, comme chez les Maures, les maisons sont généralement sans étage; elles se terminent en terrasses et sont blanches comme la neige. La grande rue a seule un caractère européen : c'est la rue des affaires; elle est plus animée et plus belle que la grande rue de Sainte-Croix, et l'on sent tout de suite que c'est aux Palmes que se concentre l'activité industrielle et commerciale des Canaries.

Un ravin divise la ville en deux quartiers, que réunit un beau pont en pierre orné de statues. Ce pont traverse une rivière sans eau, pleine de galets, et au beau milieu de la rivière, j'ai vu des champs de maïs. Voilà une rivière qui se respecte encore moins que le Manzanarès! Du haut du pont, la vue s'égare sur de luxuriants jardins plantés de palmiers et sur les maisons du faubourg qui se hissent les unes au-dessus des autres, suspendues aux flancs des montagnes. Dans le lointain on aperçoit le *Sancillo*, point culminant de l'île, atteignant une altitude de 7,000 pieds au-dessus du niveau de la mer.

J'ai couru tout d'abord au marché, où j'ai passé en revue les fruits du pays, raisins, pastèques, régimes de bananes, figues d'Inde, etc. La poissonnerie, située tout à côté, est une charmante création qu'on ne trouverait dans aucune ville de France. J'ai pu observer là le costume des femmes du peuple : elles se coiffent d'un voile d'étoffe blanche qui n'est pas moins gracieux que la mantille. Leur type est plus franchement mauresque que celui des Ténérifiennes : il y a quelque chose d'africain dans les éclairs de leurs regards; elles ont une belle démarche, grâce à leur habitude de porter des amphores sur la tête, à la mode arabe. Dans chacune des îles de l'archipel on trouve des types différents et une manière différente de se vêtir.

La cathédrale des Palmes est le plus beau monument religieux des Canaries : elle peut supporter la comparaison avec les plus somptueuses basiliques de l'Espagne. La façade, inachevée, est d'un style classique d'une grande pureté. L'intérieur, du seizième siècle, offre un gothique très-original. De légers piliers accouplés, sans chapiteaux, s'élancent vers la voûte, où ils se divisent en une infinité de nervures d'une délicatesse et d'une grâce charmantes. Suivant la mode espagnole, le chœur occupe le milieu de l'église. On m'a fait remarquer une lampe d'argent d'une grande valeur donnée, dit-on, par le cardinal Ximenès. Dans une chapelle repose le poëte canarien Cairasco de Figueroa, né en 1535, mort en 1610 : il écrivit un poëme sur les antiquités canariennes, et Cervantès lui rendit hommage comme à un grand poëte. Sous le maître-autel se trouve le tombeau de l'historien Viera.

La ville des Palmes est la plus considérable de l'archipel canarien : elle compte une population de 15,000 âmes. Bien que le capitaine général réside à Sainte-Croix, la ville des Palmes, qui fut autrefois le chef-lieu de cette province d'Espagne, a conservé tous les autres priviléges d'une capitale : elle est le siége de l'évêché et de la cour d'appel (*real audiencia*). Le palais de justice est installé dans un ancien couvent : un magistrat de l'audiencia, ancien juge à Séville, a voulu lui-même me montrer les différentes salles d'audience ; suivant la mode espagnole, il y règne un luxe inusité chez nous : les juges, vêtus d'un riche costume de velours noir garni de dentelles, siégent sous un dais en velours rouge orné du portrait du roi Alphonse. La cour d'appel des Palmes compte un président, un président de chambre, quatre magistrats, un procureur du roi (*fiscal*), un substitut (*teniente fiscal*), un secrétaire, un rapporteur (*relator*) et deux greffiers. L'audiencia est saisie en ce moment du procès de deux meurtriers accusés d'avoir assassiné un Anglais à Ténériffe, en rase campagne, dans le but de s'approprier une somme de soixante mille francs dont il était porteur. Les deux individus ont été récemment condamnés à la peine capitale par le juge de première instance avec lequel je dînais journellement à Orotava, et il n'est pas douteux que la sentence ne soit confirmée en appel. Cet assassinat fait d'autant plus de bruit que les crimes sont extrêmement rares aux Canaries.

La ville des Palmes possède une ravissante *alameda* : elle est ombragée de lauriers de l'Inde, de palmiers de Cuba, et d'autres arbres qui se cultivent dans nos serres d'Europe. Je n'ai rien vu de plus joli que cette promenade publique. Sur une petite place voisine s'élève une charmante fontaine surmontée du buste du poëte Cairasco.

En quittant l'alameda, j'ai gravi les ruelles tortueuses du faubourg, où grouille une population à demi nue, et suis arrivé à la forteresse, d'où l'on domine toute la ville. N'était la cathédrale, dont les tours rappellent celles de Zurich, on croirait voir une blanche cité mauresque, avec ses maisons cubiques d'une éblouissante blancheur, ses terrasses, ses patios. Les palmiers qui surgissent de tous côtés complètent l'illusion : c'est à eux que la ville doit son nom.

La métropole canarienne occupe une vaste étendue : les maisons sont disséminées çà et là, sans cohésion, et les champs de cochenille font invasion jusqu'au milieu des habitations. Rien n'est plus pittoresque que le panorama de cette cité bâtie entre la mer et les montagnes, dans une vallée délicieuse; le flamboyant soleil des tropiques donne à ses blanches maisons un éclat éblouissant qui contraste avec le bleu profond de l'Océan. Au nord-est surgit l'îlot volcanique de l'Isleta, qu'un étroit isthme de sable rattache à l'île mère. A l'opposite s'ouvre une gracieuse perspective sur une vallée intérieure, où une multitude de palmiers déploient leur feuillage aérien. A l'ouest, la ville est dominée par de hautes falaises criblées d'une infinité de cavernes qu'habite toute une population de Troglodytes. Ces excavations datent des Guanches, qui y avaient élu domicile.

Après midi, j'ai fait une excursion en voiture au port de la Luz, en compagnie d'un négociant marseillais établi aux Palmes. Nous avons suivi la route tracée à travers le sable de l'isthme qui relie l'*Isleta* à la Grande Canarie. Le pic de Ténériffe, qu'on ne peut voir des Palmes, à cause des montagnes intermédiaires, est parfaitement visible de l'isthme. Grâce à l'extrême transparence de l'air, le Pic semble ne se trouver qu'à une portée de fusil, bien qu'il soit en réalité à plus de quinze lieues de distance, et sa cime, l'une des plus élevées de notre hémisphère, s'abaisse par la distance au point de ne paraître pas plus haute que la barrière de l'Étoile.

Nous nous sommes arrêtés aux sources minérales de Santa-Catalina, où l'on a établi récemment une maison de bains. Ces eaux ont été analysées par des médecins parisiens [1]. Elles sont riches en chlorure de sodium et s'emploient avec succès dans les affections scrofuleuses, rhumatismales et goutteuses, et dans celles des voies digestives. Située à une centaine de mètres de la mer, Santa-Catalina est la seule source minérale connue où l'on puisse combiner avec les bains de mer le traitement intérieur. Il serait indispensable d'organiser l'établissement de telle sorte que cette double action thérapeutique pût être mise à profit. Malheureusement les installations actuelles laissent fort à désirer.

---

[1] Analyse des sources de Santa Catalina et Guadalupe (grande île Canarie), par les docteurs Méhu et Lasègue.

CHAPITRE XXI

LANZAROTE.

L'île Fuerteventura. — L'île Lanzarote. — Arrecife. — Promenade à dos de chameau. — Départ des Canaries.

En une nuit le steamer a franchi la distance qui sépare la Grande Canarie de l'île Lanzarote. Je m'éveille dans le détroit qui s'étend entre les îles Lanzarote et Fuerteventura. Ces deux îles, situées à cinq lieues à peine l'une de l'autre, ont dû être réunies autrefois; elles semblent avoir été détachées de l'Afrique, qui n'est qu'à dix-huit lieues de distance. L'île Fuerteventura est, après Ténériffe, la plus grande de l'archipel. C'est là que le conquérant Jean de Béthencourt fonda une ville à laquelle il donna son nom; cette ville est aujourd'hui presque dépeuplée. Malgré son étendue, l'île est à peine habitée. La sécheresse rend son sol infertile, et la soude constitue à peu près le seul article d'exportation.

L'île Lanzarote, dont nous côtoyons le littoral oriental, n'offre qu'une longue série de cônes volcaniques jaunâtres et arides. C'est un triste pays s'il en fut. Nous longeons les plages rouges, les *Colorados*, où vint camper Béthencourt lorsqu'il conquit les îles en 1402; nous doublons le cap *Papagayo* ou du Perroquet, et après avoir dépassé l'îlot stérile de *los Lobos*, ou des Loups de mer, nous jetons l'ancre devant Arrecife, l'unique port de l'île.

Ici, comme aux Palmes, les eaux sont très-basses, et nous mouillons à une demi-lieue de la ville. Je saute dans un canot avec deux compagnons de traversée, afin d'aller reconnaître la localité. La mer est si mauvaise, que nous luttons pendant une heure entière contre les lames qui nous inondent les épaules.

Nous débarquons, ruisselant d'eau salée, au pied du vieux fort de Saint-Gabriel, vénérable débris qui remonte au temps où les Maures venaient ici pratiquer leurs pirateries. Ces murs à demi ruinés sont aussi tristes que la ville elle-même, si l'on peut appeler ville une pauvre bourgade de trois à quatre mille âmes jetée au milieu d'un affreux désert qui semble un morceau détaché du Sahara. Ce qui complète la ressemblance, ce sont les chameaux que l'on rencontre à chaque pas, chargés de lourds fardeaux; ce sont eux qui transportent dans des barriques l'eau qui sert à la consommation des habitants. L'île étant vouée à une sécheresse absolue, chaque maison est pourvue d'une citerne où l'on emmagasine l'eau transportée à grands frais des îles voisines.

J'ai proposé à mes compagnons une promenade à dos de chameau. Nous sommes montés ensemble sur la même bête. La selle est disposée pour recevoir trois voyageurs : un sur la bosse, et deux autres sur les siéges ménagés de chaque côté; une quatrième personne peut prendre place sur cette partie de l'animal qui s'étend de la bosse à la queue. Des familles entières voyagent ainsi à dos de chameau dans l'intérieur de l'île. A Lanzarote, on prend un chameau comme nous prendrions un fiacre. Il n'y a pas une voiture dans l'île, bien qu'il y ait des routes parfaitement carrossables.

On ne monte pas à chameau comme on monterait à cheval; on ne peut se hisser sur le siége que lorsque l'animal est accroupi sur ses genoux; il reçoit son fardeau d'assez mauvaise grâce, et il brame fortement en guise de protestation. Le moment critique est celui où il se redresse brusquement sur ses jambes; on éprouve alors une vive secousse, et il faut se cramponner solidement à la selle pour ne pas être précipité sur le sol de toute la hauteur de l'animal; si notre guide ne nous avait prévenus, nous serions tous tombés comme des capucins de cartes. Une fois hissés à bord du *vaisseau du désert*, aucun de nous n'a éprouvé ce

13.

mal de mer dont parlent quelques voyageurs, mais il faut avouer que le mouvement du chameau est beaucoup plus incommode que celui du cheval. Nous avons parcouru ainsi pendant une heure la campagne environnante, où végétaient de misérables nopals à cochenille; c'est le désert d'Afrique, dans toute son aridité et sa tristesse. Voici comment nous sommes descendus du haut de notre monture : à un signe du chamelier, l'animal s'est courbé sur ses genoux de devant en jetant son cri plaintif, pendant que nous nous calions de toutes nos forces à la selle ; puis il a ployé les jambes de derrière, et nous avons quitté nos siéges de plain-pied.

Les chameaux sont, ma foi, la seule curiosité d'Arrecife; c'est peut-être le plus triste séjour que j'aie rencontré depuis que je cours le monde, et je l'ai quitté sans regret. A ceux qui s'ennuient, je conseille vingt-quatre heures de séjour à Arrecife; ils pourront ensuite, chaque fois qu'ils seraient tentés de s'ennuyer, remercier le ciel de ce qu'ils ne sont pas à Arrecife.

A onze heures du matin nous levons l'ancre. Au large nous trouvons la houle et le vent debout. Les passagers, en proie au mal de mer, disparaissaient un à un. Parmi les victimes est un jeune mousse de seize ans, qui fait son troisième voyage maritime ; mais il lutte bravement, et je le trouve admirable à voir quand, dans l'intervalle entre deux accès, il passe et repasse son pinceau sur les bastingages. Celui-là a l'héroïsme de son métier. C'est le fils d'un notaire de Marseille, me dit le capitaine; il s'est mis en tête d'être marin, et son père a voulu le dégoûter du métier en l'engageant comme mousse; mais loin de se rebuter, ce pauvre garçon s'est épris tout à fait de ce genre de vie, et le voilà qui deviendra un jour un marin d'élite.

Le ciel est brumeux, le vent fait rage, et bien que le Sahara ne soit pas à dix lieues, tout me ferait croire que je navigue sur ma bonne vieille mer du Nord que j'ai souvent vue plus belle et même plus ensoleillée. Il y a plus de vingt-quatre heures que nous avons perdu de vue la dernière des îles Canaries.

Quelle est cette côte basse qui commence à se dessiner vaguement dans la brume ? C'est le Maroc. *Quid novi fert Africa?*

Ce soir nous mouillerons devant Mogador, la mystérieuse cité arabe de l'extrême Occident[1].

---

[1] Le voyage au Maroc fera l'objet d'un nouveau volume.

LIVRES A CONSULTER

SUR LES ILES FORTUNÉES [1]

I. — EN FRANÇAIS.

BONTIER et LEVERRIER. — *Histoire de la première découverte et conqueste des Canaries*. Paris, 1630.

P. FEUILLÉE. — *Voyage aux isles Canaries*.

BORY DE SAINT-VINCENT. — *Essai sur les îles Fortunées*.

LE MÊME. — *Voyage aux quatre principales îles d'Afrique*. Paris, 1804.

D'AVEZAC. — *Iles de l'Afrique*.

LEDRU. — *Voyage aux îles de Ténériffe, la Trinité, etc*. Paris, 1810.

SAINT-CLAIRE-DEVILLE. — *Voyage géologique aux Antilles et aux îles de Ténériffe et de Fogo*. 1849.

Léopold DE BUCH. — *Description physique des îles Canaries*, traduit de l'allemand par BOULANGER. Paris, 1836.

WEBB et BERTHELOT. — *Histoire naturelle des îles Canaries*, 9 vol. grand in-4°. Paris.

BERTHELOT. — *Les Antiquités canariennes*. Paris, 1879.

DUMONT D'URVILLE. — *Voyage de l'Astrolabe*.

François ARAGO. — *Voyage autour du monde*.

Alexandre DE HUMBOLDT. — *Voyage aux régions équinoxiales*.

BAILLY. — *Lettres sur l'Atlantide de Platon*. 1845.

ROISEL. — *Études antéhistoriques : les Atlantes*. 1874.

---

[1] Je dois en grande partie cette bibliographie des Canaries à l'obligeance d'un jeune savant espagnol dont j'ai eu plus d'une fois l'occasion de mentionner le nom, don Ramon Masferrer y Arquimbau.

Moreau de Jormes. — *L'Océan des anciens et les peuples antéhistoriques.*

Anonyme. — *Les Iles Fortunées ou archipel des Canaries*, 2 vol. grand in-8°. Bruxelles, 1869.

Gabriel de Belcastel. — *Les Iles Canaries et la vallée d'Orotava au point de vue hygiénique et médical.* Paris, 1862.

Méhu et Lasègue. — *Analyse des sources de Santa-Catalina (Grande Canarie).* Paris, 1869.

M. B. Espinosa. — *Mémoire sur la fièvre jaune qui régna en 1810 dans quelques points des îles Canaries.* Paris, 1826.

II. — EN ESPAGNOL.

D. Juan Nunez de la Pena. — *Conquista y antiguedades de la isla de la Gran Canaria.* Madrid, 1676.

D. Joseph de Viera y Clavijo. — *Noticias de la historia general de las islas de Canaria.* Madrid, 1772.

Porlier. — *Disertacion sobre la epoca del primer desc. expedic. y conquist. de las islas Canarias.* 1772.

Berthelot. — *Ethnografia de las islas Canarias*, traducido por L. Juan Malebran. Santa-Cruz, 1849.

De Loehr. — *Los Germanos en Canarias.*

D. Juan Nunez de la Pena. — *Description de las islas Canarias.* 1776.

D. José-Désiré Dugour. — *Apuntes para la historia de Santa-Cruz de Tenerife desde su fondacion hasta nuestros tiempos.* Santa-Cruz, 1875.

D. Pedro-Agustin del Castillo. — *Descripcion historica y geografica de las islas de Canarias.* Santa-Cruz, 1848.

D. Manuel Ossuna y Savinon. — *Relacion de una ascension al Teyde en 1834, con una vista del Pico y un cuadra de observaciones.* Barcelona, 1837.

D. Ramon Masferrer. — *Sucinta Noticia de una excursion al pico de Teide.* 1879.

Ledru. — *Viaje a las islas de Tenerife, la Trinidad, etc.* 1810.

Viera. — *Diccionario de historia naturel de las islas Canarias.* 1866.

J. Garcia Remos. — *Primeras Nociones sobre las islas Canarias.* Cadiz, 1876.

R. de Silva Ferro. — *Estudios sobre pesqueria en las islas Graciosa*. Londres, 1875.

A. Millares. — *Biografias de Canarios celebres*. 1879.

G. Chil y Naranjo. — *Estudios historicos, pathologicos y climatologicos de las islas Canarias*.

D. Fernando del Busto. — *Topografia medica de Canarias*. Sevilla, 1864.

D. Pedro Olive. — *Diccionario estadistico, administrativo de las islas Canarias*. — Barcelona.

D. Francisco Bethencourt. — *Nobiliario y blason de Canarias, diccionario historico, biografico, genealogico y heraldico de la provincia*.

La *Revista de Canarias*. — Cette revue a été fondée l'année dernière. Elle paraît deux fois par mois sous l'intelligente direction d'un jeune écrivain de talent, M. Elias Zerolo. Elle publie des articles littéraires et scientifiques qui se rapportent spécialement aux îles Canaries. La *Revista de Canarias* témoigne de l'activité intellectuelle de la jeunesse canarienne. Après avoir parcouru la collection des numéros parus, dont le directeur m'a gracieusement fait hommage, je me plais à reconnaître qu'elle doit être rangée parmi les meilleurs recueils périodiques qui se publient en langue espagnole.

TABLE DES MATIÈRES

CHAPITRE PREMIER
LES ILES FORTUNÉES.

Un mot d'introduction. — Situation des îles Fortunées. — Les anciens y placèrent les Champs Élysées. — Leur nom actuel. — Questions d'étymologie............................. 1

CHAPITRE II
LA TRAVERSÉE.

Moyens de se rendre aux Canaries. — Le *Dom Pedro*. — Triste départ. — En vue du Portugal. — Les passagers. — Monotonie de la traversée. — Premier aspect de l'île Ténériffe. — La rade de Sainte-Croix. — Dernière soirée à bord............. 11

CHAPITRE III
SAINTE-CROIX DE TÉNÉRIFFE.

Climat de Sainte-Croix. — Impression première. — Un pays sans télégraphe. — Un hôtel canarien. — Les bêtes féroces des Canaries. — Aspect de la ville. — La place de la Constitution. — Le Casino. — Le môle. — Mœurs d'amphibies. — Aspect de la population. — Visite d'un jardin. — A travers champs. — Les chameaux. — La promenade. — Les Canariennes. — Apathie des indigènes.. 23

CHAPITRE IV
A TRAVERS L'ILE.

La villa de Orotava. — La *fonda del Teyde*. — De Sainte-Croix à Orotava. — Aspect du paysage. — La Laguna et son climat. — Paysans. — Matanza. — Arrivée à Orotava................ 39

CHAPITRE V
OROTAVA.

Célébrité d'Orotava. — Aspect du site. — Opinion de Humboldt. — Physionomie de la ville. — Maison de Juan de la Guardia. — Palais ruinés. — Calme et solitude. — Arautapala. — Souvenirs classiques. — Le pic de Ténériffe. — Son nom local. — Est-ce l'Atlas des anciens?................................. 47

CHAPITRE VI
LE PUERTO.

Un port en miniature. — La route du Puerto. — Les *montanetas*. — Les estancos. — La cochenille. — Succès d'un casque indien. — Décadence du Puerto............................... 57

CHAPITRE VII
LE JARDIN D'ACCLIMATATION DE TÉNÉRIFFE.

Célébrité du jardin. — Avantages de son emplacement. — But de sa création. — Principaux produits. — Don Hermann Wildpret. — Budget dérisoire. — Anecdote. — La quinta de Humboldt. — Splendide panorama. — Dîner chez don Wildpret........ 65

CHAPITRE VIII
AGUA-MANSA.

Les chemins canariens. — Aspect des champs. — Habitations des paysans. — Une oasis. — Climat de l'Agua-Mansa. — Une source d'eau douce. — Los Organos. — Poétique solitude. — Tableau merveilleux. — Un intérieur de paysan. — Sobriété des Canariens. — Le gofio.................................... 75

CHAPITRE IX

LES JARDINS DES HESPÉRIDES.

Incident fâcheux. — Une page de l'histoire de Ténériffe. — Les jardins d'Orotava. — Fougère arborescente. — Le palmier de la conquête. — Un arbre de dix mille ans................. 83

CHAPITRE X

LA RAMBLA DE CASTRO.

Le ciel de Ténériffe. — Route de la Rambla. — La sécheresse. — Culture de la cochenille. — Le manhattan. — Demeures souterraines. — Les montañetas. — Le domaine de la Rambla. — Les Realejos. — Le mencey Benchomo. — Un dragonnier. — Une auberge de village. — Retour en patache.............. 89

CHAPITRE XI

ICOD DE LOS VINOS.

D'Orotava à Icod. — Tableau matinal. — Le long de la mer. — San Juan de la Rambla. — Désert de lave. — Aspect d'Icod. — Un trait de mœurs. — La caverne d'Icod. — Une mégère. — Sous la lave. — Une sépulture guanche. — *Au bord d'un gouffre.* — Étranges émotions. — La vallée d'Icod............. 99

CHAPITRE XII

GARACHICO.

Clair de lune. — Nouveau malheur. — Buena-Vista. — Le Roque. — Les ruines de Garachico. — *L'éruption de 1706.* — Le docteur S... — Les barrancos. — Icod el Alto. — Une mer de nuages.. 111

CHAPITRE XIII

ASCENSION DU PIC DE TÉNÉRIFFE.

Pourquoi il faut aborder le Pic par le nord. — Le guide Ignacio. — Préparatifs de l'expédition. — Le départ. — Aspect du pays. — Changement de climat. — Zone des nuages. — Chèvres et bergers. — Deux incidents. — Au-dessus des nuages. — Apparition du Teyde. — Repas dans la montagne. — Les retamas. — Estancia de la Cera. — Les Cañadas. — Traversée de la Caldera. — Région des laves. — Estancia de los Ingleses. — Feu de retamas. — coucher du soleil. — A la belle étoile. — Ascension an clair de lune. — Chute de cheval. — Le Mal-Pais. — La Rambleta. — Escalade du Pain de sucre. — Dernière infortune......... 121

CHAPITRE XIV

AU SOMMET DU PIC.

Le lever du soleil. — Ce qu'on voit du haut du Teyde. — Dans le cratère. — Point culminant du Teyde. — La descente. — La grotte de glace. — Chaleur atroce. — Retour à Orotava... 145

CHAPITRE XV

TACORONTE.

Santa-Ursula. — La bataille de Matanza. — Les fantaisies d'un excentrique. — L'Agua-Garcia. — Forêt tropicale........ 157

CHAPITRE XVI

LES GUANCHES.

Le musée de Tacoronte. — Momies guanches. — Méthode d'embaumement des Guanches. — Armes guanches. — Disparition de la race guanche. — Leurs habitations. — Leur mobilier. — Leurs industries. — Leurs aliments. — Leurs vêtements. — Leur organisation sociale. — Leurs réjouissances. — Leur agilité. — Leur religion. — Leurs prêtres. — Leurs mariages. — Leur langue. 163

CHAPITRE XVII

TEXINA.

L'été à Sainte-Croix. — Le vent du sud. — Texina.— Le Castillo. — Un mets cher aux singes........................... 185

CHAPITRE XVIII

TAGANANA.

La cordillère d'Anaga. — Plan de voyage. — La plaine de la Laguna. — Scène matinale. — La forêt vierge. — Le Llano de los Oros. — La Cruz del Carmen. — Tableau alpestre. — Déjeuner frugal. — La forêt de la Mina. — Taganana. — Chez l'alcade........ 189

CHAPITRE XIX

ANAGA.

Aspect de la vallée de Taganana. — Chemin en corniche. — Délicieux instants. — Une plage ardente. — Hospitalité des Canariens. — Le long des précipices. — Phénomène atmosphérique. — Le promontoire d'Anaga. — Le phare. — Don Bernardo. — En côtoyant les abîmes. — Les euphorbes. — Igueste. — San Andres. — Retour à Sainte-Croix............................. 199

CHAPITRE XX

LA GRANDE CANARIE.

Le *Chasseur* et le *Hussard*. — Les *Vosges*. — Un bain inattendu. — La Grande Canarie. — Les Palmes. — Aspect de la ville. — Le port de la Luz. — Santa Catalina.............. 213

CHAPITRE XXI

LANZAROTE.

L'île Fuerteventura. — L'île Lanzarote. — Arrecife. — Promenade à dos de chameau. — Départ des Canaries.............., 223

PARIS. — TYPOGRAPHIE DE E. PLON ET Cie, RUE GARANCIÈRE, 8.

A LA MÊME LIBRAIRIE

Un été en Amérique, par J. Leclercq. Un vol. in-18, avec gravures. Prix. . . . . 4 fr.

Antiquités canariennes, ou Annotations sur l'origine des peuples qui occupèrent les îles Fortunées, depuis les premiers temps jusqu'à l'époque de leur conquête, par Sabin Berthelot. Un vol. in-4°. Prix . . . . . 25 fr.

Mer Rouge et Abyssinie, par Denis de Rivoyre. Un volume in-18. Prix . . . . 3 fr. 50

Du Rhin au Nil, Carnet de voyage d'un Parisien, par F. du Boisgobey. 1 vol. in-18, avec grav. Prix. 4 fr.

Notes d'un Globe-Trotter, course autour du monde, par E. d'Audiffret. Un volume in-18. Prix. . . 3 fr. 50

Promenade dans l'Inde et à Ceylan, par E. Cotteau. Un volume in-18. Prix. . . . . 4 fr.

Niger et Bénué. Voyage dans l'Afrique centrale, par A. Burdo. Un vol in-18, avec gravure et carte. 4 fr.

Lettres du Bosphore. *Bucarest, Constantinople, Athènes*, par C. de Mouy. Un vol. in-18, avec grav. 4 fr.

Le Fleuve Bleu. Voyage dans la Chine occidentale, par Gaston de Bezaure. Un vol. in-18, avec grav. Prix. 4 fr.

Le Royaume d'Annam et les Annamites. Journal de voyage de I. L. Dutreuil de Rhins. Un volume in-18, accompagné de cartes et de gravures. Prix. . . 4 fr.

En canot de papier : De Québec au golfe du Mexique, par N. H. Bishop, traduit par Hephel. Un vol. in-18, avec cartes et gravures. . . . . 4 fr.

Dans les Highlands : *Edinburgh — Trossachs — Skye*, par Paul Toutain. Un volume in-18. 3 fr. 50

Dix-huit mois dans l'Amérique du Sud, par le comte E. de Robiano. Un vol. in-18. 2e *édition*. Prix. . 3 fr.

Abyssinie, par Achille Raffray. Un vol. in-18, avec carte et gravures. 2e *édition* . . . . 4 fr.

Une visite à Khiva. Aventures de voyage dans l'Asie centrale, par Fréd. Burnaby, traduit de l'anglais. Un volume in-18, avec cartes. Prix. . . . . 4 fr.

Paris. Typographie de E. Plon et Cie, rue Garancière, 8.